儒家经典简明读本

现代儒家读本

李运启 ◎著

中国文史出版社

图书在版编目（ＣＩＰ）数据

现代儒家读本 / 李运启著. -- 北京 : 中国文史出
版社, 2017.12
　　ISBN 978-7-5034-9389-8

　　Ⅰ.①现… Ⅱ.①李… Ⅲ.①儒家 Ⅳ.①B222

中国版本图书馆CIP数据核字(2017)第168475号

责任编辑：刘　　夏
封面设计：秋　　雨

出版发行：中国文史出版社
网　　址：www.wenshipress.com
社　　址：北京市西城区太平桥大街 23 号　　邮编：100811
电　　话：010-66173572　66168268　66192736（发行部）
传　　真：010-66192703
印　　装：廊坊市海涛印刷有限公司
经　　销：全国新华书店
开　　本：1/16
印　　张：16　　字数：205 千字
版　　次：2018 年 1 月北京第 1 版
印　　次：2018 年 1 月第 1 次印刷
定　　价：42.00 元

从这个读本你能得到些什么

之所以编辑了这个读本，一是儒家经典，卷帙浩繁，虽是哲学博士，穷数年之功，不一定能读完，普通人则不免望而生畏。即便偶尔读到一两本，对儒家的主旨，也多半不能融会贯通，了然于胸。而且对于大多数现代人来说，再不可能像过去那样，潜心古籍，皓首穷经，一辈子只做这一件事情。唯一的办法，是提供一部简明的读本，将儒家的主要代表、主要著作、主要观点，囊括其中，即便是理科生，读了这个读本之后，也能对儒家有一个粗略而全面的了解。

二是读本对过去一段时间人们对儒家思想的一些误解和歪曲，作了纠正和澄清。现代人对于儒家的误解根深蒂固，由来已久。知识分子因为受了新文化运动的影响，几乎一致认为，儒家思想乃是近代中国落后的罪魁祸首，以至从顶礼膜拜，到口诛笔伐，从烂熟于心，到避之唯恐不及。由于特殊的历史原因，儒家经典在教科书中，一度绝迹达数十年之久。人们无从了解儒家的真正内涵，更无从以儒家的道德规范来约束自己；现在国家正在大力提倡弘扬传统文化，而儒家在传统文化中又占据着一个核心位置，要真正恢复中国人的文化自信，首先必须消除这些误解，恢复儒家思想的本来面目。

三是读本用现代人的眼光，对儒家思想进行了重新阐释。在剥去层层误解和各种有意无意的歪曲之后，你会发现，儒家思想与现代理念，相互贯通的地方竟然如此之多。因受时代的局限，产生于 2000 多年前的人类思想，很多已与现代社会格格不入了，但儒家思想，非但没有过时，反而因科学的发展，文明的进步，愈益凸显出它的价值和意义。儒家思想的许多核心理念，如仁爱、民本、理性、诚信、责任感、和谐观、公平意识、反战意识、依法治国理念、自由主义经济思想，对于今天的社会，仍然具有极强的现实意义，仍然可以用来指导现代人的政治和生活实践。儒家，经过2000多年的发展，已不仅仅是先秦的一个思想流派，也不限于少数几个代表人物的言论和著作，而是经过历代知识分子不断改进，不断创新，不断融入外来知识的一个思想体系，是整个民族意识不断演化累积的综合体。它在不同的时代，往往呈现出不同的面貌，从春秋战国时期的孔孟之学，到汉唐经学，到宋明理学，发展到今天，则形成了儒家民本说。

同时，儒家也是一门实践的学问，涉及生活的实践，修身的实践，尤其是政治的实践。学以致用，是儒家提倡的基本理念，治国平天下，是儒家知识分子的共同理想。而在中国历史上有所成就的政治家，大都是儒家思想的忠实信徒，他们在政治上的诸多作为，都与儒家的影响密不可分，而且是将儒家思想付诸实践的最重要的一个群体。

四是作为一部现代人编写的读本，避免了过去老读本中的一些糟粕和不合时宜的东西。现在很多地方学习儒家思想还是用一些老旧的读本，其观念既无新意，表达方式也与现代语言相脱节，很多迂腐过时的东西混杂其中，让人难以辨别。要让现代人了解儒家，喜欢儒家，甚至以儒家思想作为自己的行为准则，则必须有一部能让现代人读懂、又能与现代理念相接轨的儒家读本。

目 录 ◉

第一章

仁爱篇

一、导 读

　　人类生命是自然的厚爱，是历经上百万年的缓慢进化，才达到今天这样一个能逐渐掌握自身命运的阶段。与宇宙间的万事万物相比，人或者具有像人一样有智慧的动物，无疑是这个世界上最可宝贵的东西。正如康德所言，"人是目的"，关注生命，热爱生命，让生命能顺利进化到一个更高的阶段，既是一切知识体系的出发点，也应成为一切知识体系的终极目标。

　　爱，是人类进化的助推剂，是人类由弱至强、由少至多、由个人至集体、由分散至凝聚的一种最初的原动力。熊、虎、狮、豹，任何一种大型动物都有力量置人于死地，但最终从残酷的丛林法则中脱颖而出的是人类。为什么力量和速度都远超人类的熊、虎、狮、豹未能统治这个世界呢？人类之所以最终成为世界的主宰，唯一的原因是人与人之间能够相互关心，相互帮助，相互爱护，尤其是出自人类天性的那种母爱，让婴幼儿在人类早期的那种艰苦环境中，能够获得最大的生存概率。

　　凭借爱的力量，同一宗族的人群，同一地域的人群，团结为一个整体，并在爱的信仰的基础之上，建立起道德规范和政治制度，从而得以战胜力量远超人类的动物群体，战胜各种非人力所能控制的自然灾害，并由此而得以繁衍生息，发展壮大。

　　仁爱，是儒家思想的核心，儒家的修身标准、政治主张、经济思想、教育理念、军事观点，无一不是建立在仁爱的基础之上的。没有仁爱，便不成其为儒家。

　　儒家的仁爱，源自父母与子女之间的爱，这种爱出乎人的天性，源自人的本能，不学而有，不教而知，世代相传。但儒家的仁爱，又是一种博爱，一种大爱，它是将父母子女之间的爱，推而广之，扩展到兄弟姐妹，扩展到亲戚朋友，扩展到同学同事，扩展到生活在这个世界上所有的群体。所谓"老吾老以及人之老，幼吾幼以及人之幼"，它的过程是推己及人，由亲及疏，由近及远。

儒家的仁爱，既源自人性，又符合理性，它没有先知与神的引导，仅凭人类的良知，便可感知爱的存在；它是对人类生活一种理性的概括和总结，没有仁爱，人与人之间将形同陌路，国与国之间将互为仇敌，政府与百姓之间将互不信任。仁爱是人类生存与发展的基础，有了仁爱，人与人之间将相互关心，国与国之间将和睦共处，政府和百姓之间将相互信赖。

在很多地方，人与人之间的爱总是依托一种宗教而存在的，但随着人类对宇宙的认识日渐清晰，上帝和菩萨已渐渐失去了存在的依据，而依附于上帝和菩萨身上的许多道德信条，似乎也在日渐失去它的感化和强制的力量。唯独儒家所倡导的仁爱，历久弥新，不仅没有因科技的发展而减损其内在的力量，反而日益凸显出它的人性价值和现代意义。儒家的仁爱，超越宗教、种族和地域的限制，无论一个人有没有信仰，无论他信上帝，还是信菩萨，无论他是东方人，还是西方人，都可以把爱施予别人，也都可以得到别人的施予，所谓"四海之内皆兄弟也"。

任何一种爱，都是有回报的。基督教宣扬博爱的人，死后可以进入天堂，灵魂可以得到拯救；佛教宣扬行善的人，死后可以免下地狱，来生还可以重新做人。这些回报虽无从考证，却表达了整个人类对"善"的肯定和向往。虽然儒家以利他为核心，不求回报，也反对"仁爱"的功利目的，但从人类发展的总体历程来看，"善有善报，恶有恶报"绝非一句虚言。虽然不见得每一件善行都能得到立竿见影的回报，每一件恶行都能得到大快人心的惩处，但从大概率而言，善良的人毫无疑问将有更好的人缘，更多的机会，更平和的心态，更健康的生活；而过于自私的人，毫无疑问将获得更多的指责，更多的遗弃和更艰难的生存处境，至于作恶多端者，则终究逃不过法律的严惩。由此可见，行善、施爱，既是为了别人，也是为了自己。

二、经典选读

（一）孔子

孔子：名丘，字仲尼，儒家学派创始人，出生于鲁国陬（zōu）邑（今山东省曲阜市），祖上为宋国贵族，其父叔梁纥（hé）为避战乱，移居于陬。孔子早年曾做过"委吏""乘田"之类的小官，三十岁左右突破官府垄断，开始授徒讲学。鲁昭公二十五年（公元前 517 年），鲁国发生内乱，孔子避乱至齐，游说齐景公，景公推说其年老，未予重用。鲁定公十一年（公元前 499 年），孔子升为鲁国大司寇。鲁定公十三年（公元前 497 年），齐国送了 80 名美女到鲁国，执政的季桓子接受了女乐，鲁国君臣迷恋歌舞，多日不理朝政。孔子非常失望，随即辞官离开鲁国，开始了周游列国的行程，先后到过卫、曹、宋、郑、陈、蔡、叶、楚等国，前后达 14 年之久，多次遭遇绝粮、众人围困和反对者意欲加害的危险。晚年因弟子的努力，回到鲁国，潜心教学，修订六经，编成《诗》《书》《礼》《乐》《易》《春秋》。孔子去世后，其弟子将其言行语录，整理编成《论语》一书。

1. 樊迟①问仁。子曰："爱人。"

——《论语·颜渊》

【注释】①樊迟：孔子弟子，名樊须，字子迟。

【译文】樊迟问孔子什么是仁，孔子回答道："仁就是爱人。"

2. 子贡①曰："如有博施于民，而能济众，何如？可谓仁乎？"子曰：

"何事于仁②，必也圣乎！尧舜其犹病诸③！夫仁者，己欲立而立人，己欲达而达人。"

—— 《论语·雍也》

【注释】①子贡：孔子弟子，名端木赐，字子贡。②何事于仁：何止于仁。③尧舜其犹病诸：尧舜恐怕都难以达到。病诸，难以达到。

【译文】子贡问道："如果一个人对老百姓广施恩惠，普济众生，这样的行为怎么样？可以说是仁者了吗？"孔子回答道："这何止于仁啊，已经称得上是圣人了。尧舜恐怕都难以达到！所谓仁者，是自己有所作为，还要帮助别人有所作为，自己成功了，还要帮助别人成功。"

3. 子曰："苟志于仁矣，无恶也。"

—— 《论语·里仁》

【译文】孔子说："一个人立志行仁德，就不会去做坏事。"

4. 厩焚①，子退朝，曰："伤人乎？"不问马②。

—— 《论语·乡党》

【注释】①厩焚：马厩起火了。②不问马：此句为记录者所加，意指孔子贵人贱物，仓促之间，以人为急，未来得及问马。

【译文】马厩起火了，孔子退朝回来，问道："烧伤人没有？"不问有没有马被烧死。

5. 司马牛①忧曰："人皆有兄弟，吾独亡②。"子夏③曰："商闻之矣，死生有命，富贵在天。君子敬而无失，与人恭而有礼，四海之内，皆兄弟也。君子何患乎无兄弟也。"

—— 《论语·颜渊》

【注释】①司马牛：孔子弟子，名耕，字子牛。②亡：无，没有。③子夏：孔子弟子，名卜商，字子夏。晋国人。李悝、吴起都是他的弟子，还曾做过魏文侯的老师。

【译文】司马牛很忧虑地问道："每个人都有兄弟，唯独我没有。"子夏回答道："我听说，死生有命，富贵在天。君子做事严谨而不出差错，待人谦恭有礼，四海之内都是你的兄弟。君子何必担心没有兄弟呢？"

6. 子贡问曰："有一言而可以终身行之者乎？"子曰："其恕乎①！己所不欲，勿施于人。"

——《论语·卫灵公》

【注释】①其恕乎：大概是宽恕包容吧。恕，宽恕包容。

【译文】子贡问道："有一句话可以终身去践行的吗？"孔子答道："如果有这句话，大概是宽恕包容吧。自己不想看到的事情，也不要强加在别人身上。"

7. 子张①问仁于孔子，孔子曰："能行五者于天下，为仁矣。"请问之。曰："恭、宽、信、敏、惠。恭则不侮，宽则得众，信则人任焉，敏则有功，惠则足以使人。"

——《论语·阳货》

【注释】①子张：孔子弟子，复姓颛孙，名师，字子张，陈国人。

【译文】子张问孔子什么是仁，孔子答道："在天下能做五件事情，就称得上是仁了。"子张问是哪五件事，孔子答道："恭敬、宽容、诚信、敏捷、恩惠。恭敬就不会受到侮辱，宽容就能得到众人的拥护，诚信就能得到别的人信任，办事敏捷就能取得成效，予人恩惠别人就乐意听从使唤。"

（二）孟子

孟子：名轲，字子舆，战国时期儒家代表人物，邹国人，鲁国庆父后裔，受学于孔子之孙子思的门人，成为儒家曾子、子思学派的继承者。学成之后，游说诸侯，到过梁、齐、宋、滕、鲁等国，但当时诸侯争霸，征战不休，其仁政学说被认为"迂远而阔于事情"，没有得到施行的机会。晚年退居讲学，与门人一起，著成《孟子》一书。孟子继承并发扬了孔子思想，成为仅次于孔子的一代儒家宗师，被称为"亚圣"。朱熹将《孟子》与《论语》《大学》《中庸》合在一起，称为《四书》。

1. 孟子见梁襄王①。出，语人曰，望之不似人君，就之而不见所畏焉②。卒然③问曰："天下恶乎定④？"吾对曰："定于一⑤。""孰能一之？"对曰："不嗜杀人者能一之。""孰能与之⑥？"对曰："天下莫不与也。王知夫苗乎？七八月之间旱，则苗槁矣。天油然作云，沛然下雨，则苗浡然兴之矣。其如是，孰能御之？今夫天下之人牧⑦，未有不嗜杀人者也。如有不嗜杀人者，则天下之民皆引领而望之矣。诚如是也，民归之，由水之就下，沛然谁能御之？"

——《孟子·梁惠王上》

【注释】①梁襄王：梁惠王的儿子。②就之而不见所畏焉：接近他也没有敬畏的感觉。就之，接近他。③卒然：突然。④恶乎定：怎样才能安定。⑤定于一：统一才能安定。⑥孰能与之：谁会跟随他呢？与，跟随。⑦人牧：治理人民的人。牧：放牧，管理。

【译文】孟子见过梁襄王后，出来对人说，从远处看他，不像是个君主，待在他的身边也没有敬畏感。突然问我："天下怎样才能安定？"我回答说："统一才能安定。"他继续问道："谁能统一天下？"我回答说："不喜欢杀人的人能统一天下。"他又问道："谁会跟随这样的人呢？"我回答说："天下谁都会跟随这样的人。大王知道禾苗的生长吗？七八月间天热久旱，禾苗一下子就枯槁了，这个时候天上乌云密布，大雨滂沱，则禾苗浡然生长。如果能像这样，谁能抵抗得了？可现在天下的统治者，没有不喜欢杀人的。如果有不喜欢杀人的，则天下的老百姓都将翘首以盼。果真做到这样，老百姓归附他，就像水往低处流，源源不断谁能阻挡得了？"

2. 孟子曰："人皆有不忍人之心①。先王有不忍人之心，斯有不忍人之政矣。以不忍人之心，行不忍人之政，治天下可运之掌上。 所以谓人皆有不忍人之心者，今人乍见孺子将入于井，皆有怵惕恻隐之心②——非所以内交③于孺子之父母也，非所以要誉④于乡党朋友也，非恶其声而然也。由是观之，无恻隐之心，非人也；无羞恶之心，非人也；无辞让之心，非人也；无是非之心，非人也。恻隐之心，仁之端⑤也；羞恶之心，义之端也；辞让之心，礼之端也；是非之心，智之端也。"

——《孟子·公孙丑上》

【注释】①不忍人之心：怜悯心，同情心。②孺子：幼儿，儿童。怵（chù）惕：惊惧；恻隐：哀痛，同情。③内交：结交，内同"纳"。④要（yāo）誉：博取名誉。要同"邀"，求。⑤端：发端，源头。

【译文】孟子说："每个人都有同情怜悯之心。先王因为有同情怜悯之心，所以有爱护百姓的政策。以同情怜悯之心，实施爱护百姓的政策，治理天下易如反掌。为什么说每个人都有同情怜悯之心呢，就像一个人突然看到有小孩将要掉到井中，都会不自觉地产生一种惊惧哀痛的心情——这并不是要与小孩的父母结交，并不是要在乡党朋友之中博取名誉，也不是因为厌恶听到小孩的哭声。从这一点来看，没有同情怜悯之心的，不是人；没有羞耻心的，不是人；没有谦让心的，不是人；没有是非心的，不是人。同情怜悯之心，是仁的开始。羞耻之心，是义的开始；谦让之心，是礼的开始；是非之心，是智慧的开始。"

3. 孟子曰："三代①之得天下也以仁，其失天下也以不仁。国之所以废兴存亡者亦然。天子不仁，不保四海；诸侯不仁，不保社稷；大夫不仁，不保宗庙；士庶人不仁，不保四体。今恶死亡而乐不仁，是犹恶醉而强酒。"

——《孟子·离娄上》

【注释】①三代：指夏、商、周三个朝代。

【译文】孟子说："三代之得到天下是因为仁义，其失去天下则是因为不仁。

国家之所以兴废存亡，也是一样的。天子不仁，不保四海；诸侯不仁，不保社稷；大夫不仁，不保宗庙；士庶人不仁，不保身体。现在有人厌恶死亡而又沉溺于不仁之中，就跟厌恶醉酒而又喜欢酗酒一样。"

（三）董仲舒

董仲舒是汉代儒家主要代表人物。其所著《天人三策》《春秋繁露》以儒家学说为基础，以阴阳五行为框架，兼采"黄老"等思想，建立起一个具有神学倾向的新儒学思想体系。汉武帝在位期间，采纳董仲舒建议，"罢黜百家，独尊儒术"。晚年称病辞官，居家著述。

何谓仁？仁者，恻怛①爱人，谨翕②不争，好恶敦伦③，无伤恶之心，无隐忌之志，无嫉妒之气，无感愁之欲，无险诐④之事，无辟违之行。故其心舒，其志平，其气和，其欲节，其事易，其行道，故能平易和理而无争也，如此者，谓之仁。

——《春秋繁露》卷三十

【注释】①恻怛（dá）：哀伤，悲悯。②谨翕（xī）：敬慎和顺。③好恶敦伦：无论好恶，都能谨守人伦。敦：勉励；伦：人伦。④险诐（bì）：阴险邪僻。

【译文】什么是仁呢？仁者，悲悯爱人，谨慎和顺，不与人争，内心中的喜好和厌恶，都能符合人伦规范，没有伤害别人的念头，没有需要隐藏的想法，没有嫉妒他人的心理，没有伤感悲愁的欲望，没有阴险邪僻的往事，没有不能公开的行为。他的内心很舒畅，心态很平和，欲望很简单，做事很顺利，行为符合规范，所以能心平气和与人无争，像这样的人，称之为仁者。

（四）李世民

李世民：唐太宗，唐朝第二位皇帝。李世民少年从军，先后率部平定了薛仁杲、刘武周、窦建德、王世充等割据势力，为唐朝的建立立下了赫赫战功。武德九年，得知太子将发动兵变，乃先发制人，发动玄武门之变，击杀太子和齐王，不久即位为皇帝。在位期间，崇尚文德，虚心纳谏，厉行节约，劝课农桑，国泰民安，开创了中国历史上著名的"贞观之治"，在历代帝王中是力行儒家学说的典范。

1. 贞观七年，太宗与秘书监魏征从容论自古理政得失，因曰："当今大乱之后，造次不可致化。"征曰："不然。凡人在危困，则忧死亡；忧死亡，则思化；思化，则易教。然则乱后易教，犹饥人易食也。"太宗曰："善人为邦百年，然后胜残去杀。大乱之后，将求致化，宁可造次而望乎？"征曰："此据常人，不在圣哲。若圣哲施化，上下同心，人应如响，不疾而速，期月而可，信不为难，三年成功，犹谓其晚。"太宗以为然。封德彝等对曰："三代以后，人渐浇讹①，故秦任法律，汉杂霸道，皆欲化而不能，岂能化而不欲？若信魏征所说，恐败乱国家。"征曰："五帝、三王，不易人而化。行帝道则帝，行王道则王，在于当时所理，化之而已。考之载籍，可得而知，昔黄帝与蚩尤七十余战，其乱甚矣，既胜之后，便致太平。九黎乱德，颛顼征之，既克之后，不失其化。桀为乱虐，而汤放之，在汤之代，既致太平。纣为无道，武王伐之，成王之代，亦致太平。若言人渐浇讹，不及纯朴，至今应悉为鬼魅，宁可复得而教化耶？"德彝等无以难之，然咸以为不可。太宗每力行不倦，数年间，海内康宁，突阙破灭，因谓群臣曰："贞观初，人皆异论，云当今必不可行帝道、王道，惟魏征劝我。既从其言，不过数载，遂得华夏安宁，远戎宾服。突厥自古以来常为中国勍敌②，今酋长并带刀宿卫，部落皆袭衣冠。使我遂至于此，皆魏征之力也。"

——《贞观政要·论政体》

【注释】①浇讹：浮薄诈伪。②勍（qíng）敌：强敌。

【译文】贞观七年，唐太宗和秘书监魏征从容讨论自古以来治理国家的得失，因而说："如今大乱之后，仓促之间难以实现大治。"魏征说："不是这样。凡人在危难困苦的时候，就忧虑死亡，忧虑死亡就盼望天下太平；盼望天下太平就容易进行教化。因此大乱之后容易教化，就像饥饿之后容易吃饱一样。"太宗说："善人治理国家，需要百年之后才能废除杀戮。大乱之后，要想大治，短期内怎能做得到呢？"魏征说："此话指的是一般情况，并非针对圣人而言。如果圣人实施教化，上下同心，人们回应就会像声音一样迅速，不求快也会迅速推行下去，一年便可见到成效，确信这不是件难事。如要三年才能成功，还要说有些晚了。"太宗认为魏征说得对。封德彝等人对太宗说："夏、商、周三代以后，百姓日渐浮薄奸诈，所以秦朝专用法律，汉朝杂用霸道，都是想教化好百姓而未能成功，难道是能教化而他们不想？如果相信魏征的话，恐怕会使国家败乱。"魏征说："五帝、三王，并没有更换百姓就能把他们教化好，施行帝道就成其为帝，施行王道就成其为王，关键在于当时施行的政策，能起到教化的作用。考察史书上所载，就能知道，从前黄帝与蚩尤作战七十多次，天下已大乱，而取胜之后，很快便太平起来。九黎作乱，颛顼出兵征讨，平定之后，仍不失其为治世。夏桀昏乱暴虐，商汤把他赶走，在商汤统治时期就实现了太平。商纣残暴无道，周武王起兵征讨，到周成王时，也实现了太平。如果说百姓日渐浮薄奸诈，做不到淳朴，那到现在应该都成了鬼魅，哪里还能施行教化呢？"封德彝等人无法辩驳，但仍认为魏征的话行不通。太宗坚持力行教化，孜孜不倦，数年之间，天下太平，突厥破灭。所以太宗对群臣说："贞观初年，人们颇有异议，认为当今肯定不能推行帝道、王道，只有魏征劝我。我听了他的话，不过几年，就使得天下安宁、外族臣服。突厥自古以来就是中原的劲敌，如今突厥首领佩刀（为皇宫）值宿禁卫，部落也跟着穿戴中国衣冠。使我取得这样辉煌的成就，都是魏征的功劳。"

2. 贞观初，太宗谓侍臣曰："妇人幽闭深宫，情实可愍①。隋氏末年，求采无已，至于离宫别馆，非幸御之所，多聚宫人。此皆竭人财力，朕所不取。且洒扫之余，更何所用？今将出之，任求伉俪，非独以省费，兼以息人，亦各得遂其情性。"于是后宫及掖庭②前后所出三千余人。

——《贞观政要·论仁恻》

【注释】①愍：同"悯"，可怜。②掖庭：宫中嫔妃居所。

【译文】贞观初年，唐太宗对侍臣说："女人幽闭深宫，实是可怜。隋朝末年，不断地征集美女，一些离宫别馆，并非皇帝幸临的地方，也聚集了很多宫女。这些都是损耗国家财力的事情，我不愿意这样做。况且宫女除了洒扫之外，还有什么别的用处？现在让她们离开后宫，自行婚配，不仅仅节省了费用，同时安抚了人，也让宫女们得遂所愿。"于是后宫及掖庭共放出宫女三千多人。

（五）朱熹

朱熹：字元晦，南宋理学家，闽学派的代表人物，儒学集大成者，世尊称为朱子。朱熹是"二程"三传弟子李侗的学生，与二程合称"程朱学派"，并成为唯一非孔子亲传弟子而享祀孔庙的儒家代表人物。朱熹的理学思想成为元、明、清三代官方哲学，其所著《四书章句集注》成为钦定教科书和科举考试的标准。朱熹一生热心教育，整顿了许多县学、州学，创办了同安县学、武夷精舍、考亭书院，重建了白鹿洞书院和岳麓书院，成为继孔子之后又一影响深远的教育家。

天地别无勾当，只以生物为心。如此看来，天地全是一团生意，覆载万物，人若爱惜物命，也是替天行道的善事。

——《朱子文集·仁说》

【译文】天地没有别的目的，只将生物放在心上。如此看来，天地之间全是一团生气，包含万物，人若爱惜生命，也是替天行道的善事。

第二章

学习篇

一、导　读

孔子之所以能成为孔子，并非如后世所推崇的那样天生圣明，而恰如他自己所言，是一生学而不厌的结果。

《论语》一书中关于学习的论述，不胜枚举。孔子虽一向谦虚，极少自我表扬，唯独于好学一事却从不吝于称道自己，如其所言："其为人也，发愤忘食，乐以忘忧，不知老之将至云尔。""十室之邑，必有忠信如丘者焉，不如丘之好学也。"孔子在众多弟子中，之所以一而再、再而三地称道颜回，一个重要原因在于颜回也像他自己一样好学不倦。

学习对于一个人的意义，自不待言。一个人要自立于社会，首先得从学习开始。学习知识，掌握技能，谋取职业，了解社会，每一个环节都与学习息息相关。任何创造性的发明发现，具有开创意义的文艺创作，都必然是建立在广泛学习的基础之上的。学习是改变个人命运的最佳途径。古往今来那么多的寒门子弟之所以能够出将入相，建功立业，彪炳史册，除了时势的因素外，更多的是通过学习、通过科举，才得以跻身仕途，从而避免了因出身低微而一辈子沉沦下僚的人生命运。从大概率来看，学历越高，掌握知识越丰富的人，较之知识贫乏者更容易取得事业上的成功。

学习对于人类的意义，也不言而喻。人类史，即是一部学习的历史，人类改造自然的过程，即是一部不断积累知识的过程。人类通过不断掌握新的生存技能，不断掌握新的科技知识，才得以走出野蛮，走向文明，成为地球上最具智慧的生物群体。正如英国哲学家培根所言："人类统治万物的权力深藏在知识和技术之中。"

孔子对于学习的态度，影响到了成千上万的儒家士人，使得一代代儒生视学习如生命，从童稚到白头，一生手不释卷，爱书成癖；也使得中华民族成为一个好学的民族。中国文明自孔子之后，较其他古老文明之所以更为稳定，更为持久，虽历经劫难而仍能卓然屹立，呈现出一种顽强的生命力，与中国人崇尚学习的风气不无关系。

儒家所主张的学习，不仅局限于知识的积累，更是人格养成的一条重要途径。不学，则无以成君子，儒家所倡导的一切优良品德，诸如仁爱、智慧、诚信、正直、勇敢、坚强，均是建立在学习的基础之上的。

对于现代人来说，健全的人格尤为重要。一个人，无论从事何种工作，选择何种职业，均应有一条底线，不做危害他人、危害社会的事情。也许我们中的多数人，只能过一种普通平常的生活，难以成圣成贤，也没有机会对社会作出巨大贡献，但无论如何不应成为社会的破坏性力量，不能让自己所掌握的知识给他人和社会带来危害和灾难。不然，无论我们上过何等高级的大学，掌握了何等丰富的知识，这样的学习注定都是失败的，没有价值的。

儒家所提倡的学习，不仅注重书本知识，更注重身体力行，学以致用。只有付诸行动，学习才有价值，正如荀子所言："知之而不行，虽敦必困。"用所学的知识积极地介入现实生活，才愈益凸显学习的价值和意义。

二、经典选读

（一）孔子

1. 子曰："学而时习之，不亦说乎？有朋自远方来，不亦乐乎？人不知而不愠，不亦君子乎？"

——《论语·学而》

【译文】孔子说："学习新知识并且适时进行练习，不是很快乐吗？有朋友自远方来，不是很开心吗？别人不了解你，而你不生气，不是很君子吗？"

2. 子曰："温故而知新，可以为师矣。"

——《论语·为政》

【译文】孔子说："通过温习旧知识，而能推陈出新，可以当老师了。"

3. 子曰："学而不思则罔①，思而不学则殆②。"

——《论语·为政》

【注释】①罔：迷惑。②殆：通"怠"，松懈，疲倦，指学习上一无所得。

【译文】孔子说："学习而不思考，就会迷惘；思考而不学习，就会懈怠。"

4. 子曰："十室之邑，必有忠信如丘者焉，不如丘之好学也。"

——《论语·公冶长》

【译文】孔子说："即使只有十户人家的小地方，必定会有像我这样讲忠信的人，只是不像我这么好学罢了。"

5. 哀公问："弟子孰为好学？"孔子对曰："有颜回者好学，不迁怒，不贰过①，不幸短命死矣！今也则亡，未闻好学者也。"

——《论语·雍也》

【注释】①贰过：不会重复犯同样的错误。

【译文】鲁哀公问孔子："弟子中哪个最好学？"孔子回答道："有个叫颜回的很好学，从不迁怒于人，不犯同样的错误，不幸短命死了！现在没有这样的弟子了，没听说有谁很好学。"

6. 子曰："知之者不如好之者，好之者不如乐之者。"

——《论语·雍也》

【译文】孔子说："对一种知识，懂得它的不如喜欢它的，喜欢它的不如以之为乐的。"

7. 子曰："自行束脩以上^①，吾未尝无诲焉。"

——《论语·述而》

【注释】①束脩：十条腊肉。脩（xiū），又称肉脯，类似于现在的腊肉。

【译文】孔子说："凡是自己带着十条干肉来见我的，我从未拒绝施教于他。"

8. 子曰："不愤不启^①，不悱不发^②，举一隅^③，不以三隅反，则不复也^④。"

——《论语·述而》

【注释】①不愤不启：不到他努力想弄明白而不得的程度不去开导他。②不悱 (fěi) 不发：不到他想说又不能明白地说出来不去启发他。③隅：角落。④则不复也：就不再教他。

【译文】孔子说："不到他努力想弄明白而不得的程度不去开导他；不到他想说又不能明白地说出来不去启发他；告诉他一种方法，而不能举一反三，则不再跟他多说。"

9. 子曰："我非生而知之者，好古，敏以求之者也。"

——《论语·述而》

【译文】孔子说："我并非生而知之的人，只是喜好自古以来的知识，勤奋敏捷地探求罢了。"

10. 子曰："三人行，必有我师焉，择其善者而从之，其不善者而改之。"

——《论语·述而》

【译文】孔子说："三人行，必定有可以当我老师的人，选择别人的长处，向他看齐，对于别人的缺点，则在自己的身上予以避免。"

11. 叶公①问孔子于子路，子路不对。子曰："汝奚②不曰：其为人也，发愤忘食，乐以忘忧，不知老之将至云尔。"

——《论语·述而》

【注释】①叶公：原名沈诸梁，字子高，春秋时期楚国著名的政治家，公元前524年受封于叶，故称叶公。孔子在楚国期间，曾多次与叶公见面。②奚：怎么。

【译文】叶公问子路，孔子是个什么样的人，子路没吭声。孔子说："你怎么不说：孔子这个人，发愤忘食，乐以忘忧，连自己将要变老了都不知道。"

12. 子曰："古之学者为己，今之学者为人。"

——《论语·宪问》

【译文】孔子说："古人学习是为了提高自己的认知能力和道德修养，今人学习是为了装饰自己，便于向别人炫耀。"

13. 子曰："吾尝终日不食，终夜不寝，以思，无益，不如学也。"

——《论语·卫灵公》

【译文】孔子说："我曾经整天不吃饭，整晚不睡觉，用以思考问题，结果毫无所得，不如学习知识有益。"

14. 子曰："性相近也，习相远也。"

——《论语·阳货》

【译文】孔子说："人的本性是接近的，因为习染不同才差别很远。"

15. 子曰："唯上智与下愚不移①。"

——《论语·阳货》

【注释】①上智：特别聪明；下愚：智商不足者；移：改变。指除了这两种人外，其他人都是可以通过学习来予以改变的。

现代儒家读本

【译文】孔子说："只有特别聪明或智商不足的人，才难以改变。"

16. 子夏曰："仕而优①则学，学而优则仕。"

——《论语·子张》

【注释】①优：一种解释是优秀，一种解释是有余力。

【译文】子夏说："当官当得好，则要进一步学习；学习很出色，则可以出来当官。"

（二）孟子

1. 公都子曰："滕更①之在门也，若在所礼②，而不答，何也？"孟子曰："挟③贵而问，挟贤而问，挟长而问，挟有勋劳而问，挟故而问，皆所不答也。滕更有二焉。"

——《孟子·尽心上》

【注释】①滕更：滕国国君的弟弟，曾向孟子求学。②若在所礼：似乎应以礼相待。③挟：倚仗，凭借。

【译文】公都子问道："滕更在您门下的时候，好像是那种应以礼相待的人，而您却不搭理他，这是为什么？"孟子说："凭借自己是贵族来问的，凭借自己是贤者来问的，凭借自己是长者来问的，凭借自己有功劳来问的，凭借自己有老交情来问的，我都不会搭理他们。在这五个方面之中滕更占了两个方面。"

2. 孟子曰："于不可已而已者①，无所不已。于所厚者薄②，无所不薄也。其进锐者，其退速。"

——《孟子·尽心上》

【注释】①于不可已而已者：对于不该放弃的事物，却放弃了。已：停止，放弃。②于所厚者薄：对于应该重视的事物，却予以忽视。

【译文】孟子说："对于不应该放弃的事物，却放弃了，则没有什么不可放弃的。

对于应该重视的事物，却忽视了，则没有什么不会忽视的。急于求进者，退步也会很快。"

3. 孟子曰："贤者以其昭昭①，使人昭昭。今以其昏昏②，使人昭昭。"

———《孟子·尽心下》

【注释】①以其昭昭：自己非常明白。②以其昏昏：自己糊里糊涂。

【译文】孟子说："贤者先自己弄明白了，才去使别人明白；今天的人自己都糊里糊涂，却想去使别人明白。"

（三）荀子

荀子：名况，时人尊称为"卿"，故又称荀卿。先秦儒家代表人物之一，战国末期赵国人。早年游学于齐，因学问渊博，曾三次担任齐国"稷下学宫"的"祭酒"。约公元前264年，应秦昭王聘，西游入秦。后应楚春申君之邀，为兰陵令。晚年潜心教学和著述，主张性恶论，认为人性善是教化的结果，在儒家中自成一派。

不闻不若闻之，闻之不若见之，见之不若知之①，知之不若行之。学至于行之而止矣。行之，明也；明之为圣人。圣人也者，本仁义，当是非，齐言行，不失豪厘，无他道焉，已乎行之矣②。故闻之而不见，虽博必谬；见之而不知，虽识必妄；知之而不行，虽敦必困。不闻不见，则虽当③，非仁也，其道百举而百陷也④。

———《荀子·儒效》

【注释】①知之：理解，熟悉。②已乎行之矣：都已亲身实践过。③当：有效果。④百举而百陷：做一百次，会一百次失败。

【译文】没有听过不如亲耳所听，耳朵听过不如亲眼所见，眼睛见过不如知其原理，知其原理不如身体力行。学习而能做到力行，则是到了学习的最高境界。一件事付诸实行，是非常明白了，能明白事理的人就是圣人。所谓圣人，以仁义为本，明白是非曲直，说的与做的一样，而且毫厘不差，没有其他的方法，唯有身体力行。所以，只是听说过而没有见到过，虽然渊博但必定会有差错；见到过而不知其原理，虽然熟悉但必定会有误解；知其原理而不付诸实行，知识虽然丰厚但必定会遭遇困境。没有听过也没有见过，虽然偶尔会有效果，但不是仁者所为，按这种方式行事，做一百次，会一百次失败。

（四）戴圣

戴圣：汉代今文经学的开创者。早年与叔父戴德同学《礼》于后苍，二人各有所得，逐步形成自己的学说体系。戴德称为"大戴"，戴圣称为"小戴"。终生以授徒讲学和著述为业，将战国至汉初孔子弟子及其再传弟子所记的各种有关礼仪等论著，编撰成书。其书后经郑玄作注成为今本《礼记》，也被称为《小戴礼记》。

1. 玉不琢，不成器；人不学，不知道。是故古之王者建国君民①，教学为先。

——《礼记·学记》

【注释】①君民：管理百姓。

【译文】玉石不经琢磨，成不了器物。人不通过学习，就不明白事理。所以古代君主建立国家，管理百姓，将教育当作最首要的事情。

2. 虽有嘉肴，弗食，不知其旨也；虽有至道，弗学，不知其善也。故学然后知不足，教然后知困。知不足，然后能自反也；知困，然后能自强也。故曰：教学相长也。

——《礼记·学记》

【译文】虽然有美味的菜肴，不尝一下，则不知道它的味道鲜美。虽然有尽善尽美的道理，不学习，则不知道它的好处。所以通过学习，才能发现自己的不足；通过教育，才能发现自己的短处。知道自己的不足，然后能够反躬自省；知道自己的短处，然后能够自我激励。所以说，教和学能够相互促进提高。

3.独学而无友，则孤陋而寡闻。

——《礼记·学记》

【译文】独自一个人学习而没有朋友相互交流，必然会导致见闻不广，视野狭隘。

（五）诸葛亮

诸葛亮：字孔明，三国时蜀汉丞相，杰出的政治家、军事家。早年耕读于襄阳城郊，地方上称其为"卧龙"。他27岁时，刘备三顾茅庐，诸葛亮作隆中对，分析天下大势，提出夺取荆州，联吴抗曹，形成三国鼎足之势。刘备死后，辅佐刘禅，六次北伐中原，多以粮尽无功而返。终因积劳成疾，病逝于五丈原军中。是历史上集忠诚与智慧于一身的代表人物。

夫君子之行，静以修身，俭以养德。非澹泊无以明志，非宁静无以致远。夫学须静也，才须学也，非学无以广才，非志无以成学。淫慢①则不能励精，险躁则不能冶性。年与时驰，意与日去，遂成枯落，多不接世，悲守穷庐，将复何及！

——《诫子书》

【注释】①淫慢：过度怠惰。

【译文】君子的修为，凭安静来修身，靠节俭来养德。做不到清心寡欲，就难以明确坚定的志向，做不到安宁虚静就难以实现远大理想。学习需要安静，才华需要学习，不学习就难以增长才干，没有远大的志向就难以坚持学业。放纵消极就做不到精神振作，急躁不安就难以陶冶性情。那样的话，年岁随着时间一起飞奔，意志随着岁月一起消磨，最终会像花叶一样枯萎，难以得到社会的认同，悲伤地守着自己的穷家破屋，再后悔也来不及了。

（六）朱熹

1. 朱子曰："学贵时习，须是心心念念在上，无一事不学，无一时不学，无一处不学。"

——《续近思录》卷二

【译文】朱子说："学习贵在不断地温习，必须心心念念都放在这上面，无一事不学，无一时不学，无一处不学。"

2. 朱子曰：学者最怕因循。又曰：为学正如撑上水船，一篙不可放缓。

——《续近思录》卷二

3. 朱子曰：读书须读到不忍舍处，方见得真味。

——《续近思录》卷三

4. 朱子曰：学莫要于持敬，然须造次颠沛必于是，不可须臾间断。若今日作，明日辍，放下了又收拾起，几时得见效！

——《续近思录》卷四

【译文】朱子说："学习最重要的是心怀虔敬，即便流离失所，生活困顿，也必须保持这种心态，不可须臾中断。如果是今天做了，明天又放弃，放下了又重新捡起，何时才会有效果！"

（七）王阳明

王阳明：字伯安，浙江绍兴府余姚县人，明代著名哲学家、政治家和军事家。王阳明是陆王心学之集大成者，非但精通儒、释、道三家学说，一生事功也赫赫有名，因平定宸濠之乱而被封为新建伯。其学术思想在中国、日本、朝鲜以及东南亚国家都有着非常大的影响。

学贵得之心。求之于心而非也，虽言之出于孔子，不敢以为是也，而况其未及孔子者乎①！求之于心而是也，虽其言之出于庸常，不敢以为非也，而况其出于孔子者乎！

——《传习录》

【注释】①而况其未及孔子者乎：何况是那些不及孔子的人说的呢！

【译文】学习贵在于心有得。根据内心的判断，认为不对的，即便是孔子讲的话，也不敢予以肯定，更何况是不如孔子的人说的！根据内心的判断，认为是对的，即便是普通人讲的，也不敢予以否定，更何况是出于孔子之口！

（八）王永彬

王永彬：字宜山，人称宜山先生，湖北宜都人，一生经历了乾隆、嘉庆、道光、咸丰、同治五个时期。不喜科举，很晚才恩获贡生科名，后候选教谕。在教学中，修养己身而后施教，且令学生先修身，后治学。对于乡人，见善必赏；见过必反复规劝。一生治学甚广，勤于著述，其所著《围炉夜话》，与《菜根谭》《小窗幽记》一起被称为"处世三大奇书"。

1. 读书不下苦功，妄想显荣，岂有此理？为人全无好处，欲邀福庆，从何得来？

2. 天地无穷期,光阴则有穷期。去一日,便少一日。富贵有定数,学问则无定数。求一分,便得一分。

3. 处境太求好,必有不好事出来。学艺怕刻苦,还有受苦时在后。

——以上均出自《围炉夜话》

第三章

诚信篇

一、导　读

　　中国历来是一个讲求诚信的国家，政府将取信于民当作有效施政的基本前提，知识分子将诚信当作立身之本，商人则将诚信当作经营的底线。商鞅在变法之前所做的第一件事情便是"徙木立信"。当时秦国政府经常朝令夕改，让百姓无所适从。为了取信于民，商鞅乃在都城南门立下一根三丈长的木杆，宣布如有人能够搬到北门就赏给他黄金十镒。可是竟无人信以为真，谁也没去动它。商鞅又宣布增加奖励，赏给黄金五十镒。五十镒相当于一千两，这可是一笔巨大的财富啊。终于有一个人鼓足勇气把木杆搬到了北门，商鞅马上赏给他五十镒黄金。因为说话算话，商鞅的变法得以畅行无阻，短时间内让秦国变得强大起来，为秦国最后统一六国奠定了基础。

　　不讲诚信所带来的危害显而易见。有一则寓言，说曾经有个孩子在山上放羊，因为闲着无聊，经常朝山下大喊狼来了，大人们信以为真，纷纷上山去救他，结果到山上一看，才发现上当受骗。后来有一天，狼真的来了，无论小孩怎么呼救，都没有一个人再上山去，结果他的羊全部被狼群咬死！如果有人认为这只是一则寓言，生活中未必真有其事，那么历史上还真就发生过类似的事情。西周国王周幽王有个宠妃褒姒，生性郁郁寡欢。周幽王为博取美人一笑，竟然让人点燃山上的烽火，这烽火可是在国家遭遇敌人入侵，通知诸侯来抗敌的。诸侯们见烽火大作，匆忙从各地赶来。褒姒倒是哈哈大笑起来，而诸侯们却一个个垂头丧气，感觉自己受到了戏弄。不久，敌人真的攻打了进来，周幽王再举烽火，受骗的诸侯再没有一个前来迎敌了。最终周幽王被杀，西周亦从此灭亡。

　　这段历史，史称"烽火戏诸侯"。周幽王视诚信为儿戏，导致命丧黄泉，国家败亡，没有比这更为惨痛的教训了。

　　诚信是社会稳定的根基，是人际交往的基本保证，是经济秩序保持良好运行的必要前提。社会缺少诚信，首先会让人丧失安全感，以致人人都会对他人抱持一种怀疑的态度。诚信的整体缺失，还容易使人同流合污，不敢以诚待人，不敢坚持真理，甚至害怕因为秉持诚信而给自己带来生存的困境。今天社会上存在的一些问题，如有毒食品、网络诈骗，都是因为缺少诚信。

　　对于坚守信用的人来说，一句承诺抵得上一千两黄金，所谓一诺千金。而一个不讲诚信的人，既不能获得朋友同事的赏识，更难以得到民众的认同，正如孔子所言"人而无信，不知其可"。虽然弄虚作假者不时会有，但此类人无论在什么时代，无论在什么地方，都为法律所不容，更为社会舆论所不齿。

　　诚信是一个人伴其一生都不能忽视的重要品质，失信于人，亦即失去了他与人交往的基本信任，就像车子失去车轴一样，是无法向前行驶的。

二、经典选读

（一）孔子

　　1. 子曰："人而无信，不知其可也。大车无輗，小车无軏①，其何以行之哉！"

——《论语·为政》

　　【注释】①輗（ní）：大车车辕与横木连接的活销；軏（yuè）：小车车辕与横木连接的销钉。

　　【译文】孔子说："一个人不讲诚信，不知他靠什么立身。大车没有活销，小车没有销钉，它怎么向前运行呢？"

2. 子曰："由，诲汝知之乎！知之为知之，不知为不知，是知也。"

——《论语·为政》

【译文】孔子说："仲由，告诉你对待知识的态度吧！懂就是懂，不懂就是不懂，这才叫聪明。"

3. 子贡问政，子曰："足食，足兵，民信之矣。"子贡曰："必不得已而去，于斯三者何先？"曰："去兵。"子贡曰："必不得已而去，于斯二者何先？"曰："去食。自古皆有死，民无信不立。"

——《论语·颜渊》

【译文】子贡问怎么治理国家，孔子回答说："充足的粮食，充足的战备，老百姓信任政府。"子贡问道："必不得已要放弃一项，三项中最先放弃哪一项？"孔子说："放弃战备。"子贡继续问道："必不得已要再放弃一项，两项之中先放弃哪一项？"孔子说："放弃粮食。自古以来人都难逃一死，失信于百姓，便失去了根本。"

4. 子路问事君，子曰："勿欺也，而犯之①。"

——《论语·宪问》

【注释】①犯之：犯颜直谏。

【译文】子路问怎样侍奉国君，孔子说："不要欺骗国君，但可以犯颜直谏。"

5. 子曰："君子耻其言而过其行。"

——《论语·宪问》

【译文】孔子说："说的话超过他做的事，君子以此为耻。"

6. 子张问行。子曰："言忠信，行笃敬，虽蛮貊①之邦行矣。言不忠信，行不笃敬，虽州里行乎哉？立，则见其参②于前也；在舆，则见其倚于衡③也。夫然后行。"子张书诸绅④。

——《论语·卫灵公》

【注释】①蛮貊（mò）：少数民族，蛮在南方，貊在北方。②参：显现。③衡：车辕前面的横木。④绅：古人系在腰间的大带。

【译文】子张问出行在外如何做人。孔子回答："讲话忠信，做事诚敬，即使到了蛮貊地区，也可以畅行无阻。讲话不守信，做事毫无诚意，就算是本乡本土，能行得通吗？站着，就仿佛看到这几个字出现在眼前；坐车，就仿佛看到这几个字刻在车前的横木上。能做到这一点便可以外出旅行了。"子张把这些话写在腰间的大带上。

7.子夏曰："君子信而后劳其民，未信则以为厉①己也。信而后谏，未信则以为谤己也。"

——《论语·子张》

【注释】①厉：虐待。

【译文】子夏说："君子获得信任后才去指挥百姓做事，未获得百姓信任，则会认为是虐待他们。获得君主的信任后才去进谏，未获得君主信任，则会认为是毁谤他。"

（二）司马光

司马光：字君实，号迂叟，山西运城人，北宋政治家，史学家。宋神宗时，因反对王安石变法，出知永兴军。后判西京御史台，居洛阳十五年，潜心编撰《资治通鉴》。哲宗即位，还朝任职，任尚书左仆射兼门下侍郎，主持朝政，废除新法。著有《司马文正公集》。

夫信者，人君之大宝也。国保于民，民保于信；非信无以使民，非民无以守国。是故古之王者不欺四海，霸者不欺四邻，善为国者不欺其民，善为家者不欺其亲。不善者反之，欺其邻国，欺其百姓，甚者欺其兄弟，欺其父子。上不信下，下不信上，上下离心，以至于败。所利不能药其所伤，所获不能补其所亡，岂不哀哉！昔齐桓公不背曹沫之盟①，晋文公不贪伐原之利②，魏文侯不弃虞人之期③，秦孝公不废徙木之赏。此四君者道非粹白，而商君尤称刻薄，又处战攻之世，天下趋于诈力，犹且不敢忘信以畜④其民，况为四海治平之政者哉！

——《资治通鉴》卷二

【注释】①曹沫之盟：齐桓公与鲁庄公会盟于柯，鲁将曹沫突然手持匕首劫住桓公，并威胁说，齐国以大欺小，侵占了鲁国不少土地，你看怎么办。桓公无奈，只好答应归还侵地。曹沫下去后，桓公想收回承诺，但经管仲劝说，仍将土地归还给了鲁国。②伐原之利：晋文公讨伐原国，命令士兵携带三天的粮食，三天之后，原人未降，文公便下令撤军。城内间谍出来说，原也只剩下一两天的粮食了。晋文公说，夺得了原，却失去信用，今后还凭什么指挥军队？守信，是百姓所依赖的东西。仍然下令撤离原国。③虞人之期：魏文侯与虞人约了去打猎，但恰逢下雨，他和大臣们在一起饮酒作乐，大臣们劝他不要去了。但文侯说我跟虞人约了，不能失信。仍然亲自去告知虞人，下雨不打猎了。虞人，古代看守山泽苑囿的小官。④畜：养育。

【译文】诚信，是君主至高无上的法宝。国家靠百姓来保卫，百姓靠信誉来保护；不讲信誉，便无法使唤百姓；没有百姓，便无法保卫国家。所以古代的帝王不欺骗天下，称霸天下者不欺骗周围的邻国，善于治国的君王不欺骗人民，善于治家的人不欺骗亲人。只有笨蛋才反其道而行之，欺骗邻国，欺骗百姓，甚至欺骗兄弟，父子相欺。上不信下，下不信上，上下离心，以致一败涂地。靠欺骗所获得的一丁点利益治疗不了所受到的伤害，所得到的远远不如所失去的，这不是很可悲吗！当年齐桓公不违背曹沫的盟约，晋文公不贪图攻打原国的利益，魏文侯不失信于虞人的约会，秦孝公不收回对徙木者的重赏，这四位君主的治国之道并非完美，而商鞅尤其刻薄，还处于战国乱世，天下尔虞我诈，尚且不敢忽视诚信以收取民心，更何况四海太平时候的执政者呢！

（三）朱熹

凡人所以立身行己，应事接物，莫大乎诚敬。诚者何？不自欺、不妄之谓也。敬者何？不怠慢、不放荡之谓也。今欲作一事，若不立诚以致敬，说这事不妨胡乱做了，做不成又付之无可奈何，这便是不能敬。人面前底（的）是一样，背后又是一样；外面做底事，内心却不然，这个皆不诚也。学者之心，大凡当以诚敬为主。

——《朱子语类》卷一百一十九

【译文】一个人在社会上立身行事，待人接物，没有比诚和敬更重要的了。什么是诚呢？不自己欺骗自己，不胡作非为就是诚。什么是敬呢？不消极怠慢、不放纵自己就是敬。现在要做一件事情，若不一心一意，认真对待，只说这事不妨随便做一下，做不成又毫无办法，这便是不敬。当着别人面是一个样子，背后又是另一个样子；在外人面前赞成的事，心里面却又不以为然，这都是不诚的表现。读书人的内心，大抵要以诚敬为主。

第四章

修身篇

一、导　读

　　儒家既是一种政治模式，也是一种修身准则。儒家之所以重视修身，乃在于修身既是个人立身处世的基础，也是一个社会维持良好运行、呈现一种文明状态的基本前提。

　　修身的第一要着，乃在于静心。所谓修身，实则修心。我们不可能像僧人们那样，整日参禅打坐，也不可能像朱熹提倡的那样，半日读书，半日静坐。因为现代人要谋生计，要养家糊口，要发展事业，不可能有大段大段的空闲时间让人专门去修身。尽管如此，静心仍然是修身的必要前提，心不能静，则如浮萍一般，只能随波漂荡，无所着落。所谓"静而后能安，安而后能虑，虑而后能得"，只有让心安静下来，才能看清自身人格的缺陷，看清社会环境的复杂，看清人生的意义与得失。

　　修身的第二要着，乃在于克制欲望。欲望是身体的一种本能，是人类动物属性的具体表现。动物因为不受道德与法律的约束，其行为便完全受着欲望的驱使。为了食物，为了地盘，为了性的权利，动物与动物之间往往不惜拼个你死我活，两败俱伤。人之所以异于动物，乃在于人能控制自己的欲望。人的欲望愈少，与他人的冲突也就愈小。一个人如能最大限度地控制身体的欲望，其与他人的关系便能最大限度地呈现出一种和谐友爱的状态。

　　修身，不仅是要约束自身的欲望，还在于将心比心，推己及人，明白其他人也存在着同样的欲望。一个人在满足自身欲望时，必须以符合道德为前提，以不损害他人利益为前提。

　　现代人大都只相信制度的力量，而忽视道德的约束力。但制度的制定与执行，都是由人来完成的。今天的制度不可谓不多，也不可谓不完善，但仍然潜规则盛行，以致许多制度形同虚设。这说明制度执行者的自身修养，对于制度的不断完善，对于社会的良好运行，仍然起着至关重要的作用。

修身的第三要点，乃在于内心的不断反省。任何人都无法保证一生之中不会犯任何错误，一个人修养的高低，不在于他是否会犯错，而在于他犯错之后能否及时得到改正。能经常反省自己的人，其犯错的可能性无疑将会大大降低，即使偶尔犯了错，也能通过及时反省而避免一错再错。

现代生活节奏快，压力大，变化多，常常使职场中人应接不暇，疲于奔命，而难以静下心来反躬自省。可是，即便我们不能像曾子那样"吾日三省吾身"，但每天睡觉前，反省一下当天做了些什么事，哪些做得对，哪些做得不对，明天该如何改正。这样的反省，不过几分钟时间，是任何一个人，在任何时候、任何地方都能做到的。

基督教中所倡导的忏悔，其实也是一种反省。只是基督教徒忏悔时，面对的是上帝，而儒家的修身，面对的是自己的内心。人的内心，永远是自身的一面镜子，时时在照着自己的一言一行。

修身在东方宗教和哲学概念中是一个十分重要的内容，不仅儒家主张修身，道与佛，也都强调修身的重要，但三家对于修身的方法和目的，存在着很大的差别。道与佛提倡修身，乃是为了内心的安宁，身体的健康，为了修身，可以将一切世俗的事务都放到一边，甚至可以躲到寺庙道观中，一心一意去修行。儒家的修身，则不仅不是为了逃离，反而是为了更好地介入社会，不仅不是为了个人的福祉，反而是为了"治国平天下"，个人的修行，最终是为了有益于社会，有益于他人。

有人说儒家倡导修身，是为了让统治者更好地约束小民百姓，这实在是对儒家一种有意的歪曲。儒家思想的核心是仁爱，是民本，它的许多主张，都是从老百姓的立场出发，用来约束统治阶层的，要求统治者不得胡作非为，不得纵欲无度，不得欺凌百姓，不得漠视弱者的利益。"自天子以至于庶人，壹是皆以修身为本"，统治者在道德上，尤其应当作出表率，"其身正，不令而行，其身不正，虽令不行"。可见，儒家所提倡的修身，非但不是为了约束小民百姓，反而是为了让小民百姓能在一种宽松温和的政治环境下过上一种安宁稳定的生活。

　　强调修身的作用，是中国政治文化中独有的主张。正如孙中山先生所说："修身齐家，治国平天下，这样精微开展的理论，无论外国什么政治哲学家都没有见到，都没有说出。这是我国政治哲学知识中的宝贝。"在权力缺少约束和监督的年代，通过执政者对自身的约束，大大降低了暴政的可能性，而中国历史上少数几个可以称之为"暴君"的，恰恰都对儒家思想采取了一种彻底的否定态度。

二、经典选读

（一）孔子

　　1. 曾子曰："吾日三省乎吾身①。为人谋而不忠乎？与朋友交而不信乎？传不习乎②？"

——《论语·学而》

　　【注释】①三省乎吾身：多次反省自己。三，多次的意思。②传不习乎：老师传授的知识，温习了没有？传，老师传授的知识；习，温习。

　　【译文】曾子说："我每天多次反省自己，为人出谋划策是否尽到了职责？与朋友相交是否坚守了信用？老师传授的知识是否进行了温习？"

　　2. 子贡曰："贫而无谄，富而无骄。何如？"子曰："可也。未若贫而乐，富而好礼者也。"

——《论语·学而》

　　【译文】子贡问道："贫穷而不谄媚，富裕而不骄傲，做到这一点怎么样？"

现代儒家读本

孔子说："能做到这一点已经可以了。但是还不如贫穷而快乐，富裕而好礼的人。"

3. 子曰："士志于道，而耻恶衣恶食者，未足与议也。"

——《论语·里仁》

【译文】孔子说："知识分子有志于修身行道，而耻于衣服不美、食物不精，不足以与这样的人说文论道。"

4. 子曰："不患无位，患所以立①。不患莫己知，求为可知也②。"

——《论语·里仁》

【注释】①不患无位，患所以立：不要忧虑没有职位，而应忧虑是否具有承担这一职位的学识和能力。②不患莫己知，求为可知也：不要忧虑别人不知道自己，而应追求能让别人知道自己的学识和品德。

【译文】孔子说："不要忧虑没有职位，而应忧虑是否具有承担这一职位的学识和能力。不要忧虑别人不知道自己，而应追求能让别人知道自己的学识和品德。"

5. 季文子①三思而后行。子闻之，曰："再，斯可矣！"

——《论语·公冶长》

【注释】①季文子：季孙行父，春秋时鲁国正卿。为人谨小慎微，执掌鲁国朝政三十多年，厉行节俭，并在执政时推行"初税亩"政策。

【译文】季文子总要再三思考后才付诸行动。孔子听说后，说："思考得两次，就可以了。"

6. 子曰："已矣乎！吾未见能见其过而内自讼①者也。"

——《论语·公冶长》

【注释】①自讼：责备自己。讼，责备，检讨。

【译文】孔子说："就这样吧！我还没见过能认识到自己的错误并能进行自我反省的人。"

7. 子曰："知者乐水，仁者乐山；知者动，仁者静；知者乐，仁者寿。"

——《论语·雍也》

【译文】孔子说："智者喜欢水，仁者喜欢山；智者好动，仁者好静；智者乐观，仁者长寿。"

8. 子曰："吾未见好德如好色者也。"

——《论语·子罕》

【译文】孔子说："我没有见过喜欢美德像喜欢美色一样的人。"

9. 子曰："三军可夺帅也，匹夫不可夺志也。"

——《论语·子罕》

【译文】孔子说："可以夺去三军的统帅，但夺不去匹夫的坚定信念。"

10. 子曰："岁寒，然后知松柏之后凋也。"

——《论语·子罕》

【译文】孔子说："天气寒冷，才能知道松柏要凋落在其他树木的后面。"

11. 司马牛问君子。子曰："君子不忧不惧。"曰："不忧不惧，斯谓之君子已乎？"子曰："内省不疚，夫何忧何惧？"

——《论语·颜渊》

【译文】司马牛问怎样才算是君子。孔子答道："君子做人行事，不忧不惧。"司马牛继续问道："不忧不惧，就算是君子了吗？"孔子答道："内心反省时心无愧疚，又有什么可以忧愁可以恐惧的呢？"

12. 子曰："君子泰而不骄①，小人骄而不泰。"

——《论语·子路》

现代儒家读本 ●

【注释】①泰而不骄：安详舒泰而不骄傲。

【译文】孔子说："君子安详而不骄傲，小人骄傲而不安详。"

13. 子曰："贫而无怨难，富而无骄易。"

——《论语·宪问》

【译文】孔子说："一个人生活贫困而毫无怨言是很难做到的，一个人生活富裕而不骄不傲则要容易得多。"

14. 子曰："莫我知也夫①！"子贡曰："何为其莫知子也？"子曰："不怨天，不尤人，下学而上达②，知我者其天乎！"

——《论语·宪问》

【注释】①莫我知也夫：没有人能理解我啊。②下学而上达：下学人情事理，上达天命大道。

【译文】孔子感叹说："恐怕没有人能理解我啊！"子贡问道："为什么说没人理解您呢？"孔子说："不埋怨老天，不怪罪别人，下学人情事理，上达天命大道，理解我的大概只有老天了！"

15. 子曰："过而不改，是谓过矣。"

——《论语·卫灵公》

039

【译文】孔子说："犯了错误还不思悔改，真的是大错了。"

16. 在陈绝粮①，从者病②，莫能兴③。子路愠见曰④："君子亦有穷乎⑤？"子曰："君子固穷⑥，小人穷斯滥矣⑦。"

——《论语·卫灵公》

【注释】①在陈绝粮：楚昭王派人聘请孔子，陈、蔡两国大夫担心楚国重用孔子，会给自己带来危险，于是共同调发役徒，将孔子师徒围困在野外，断粮七天。②病：饿病了。③莫能兴：一个个都无力走动。兴，起，走动。④愠（yùn）：含怒意，生气。

⑤穷：穷困，走投无路。⑥君子固穷：君子穷困时仍能固守品格。⑦小人穷斯滥矣：小人穷困时，就会无所不为。

【译文】孔子一行在陈国断了粮食，跟随的人饿得发晕，一个个都无力走动。子路满含怒容地问道："君子也有困穷的时候吗？"孔子说："君子穷困时仍能固守品格，小人穷困时，就会无所不为。"

（二）孟子

1. 富贵不能淫，贫贱不能移，威武不能屈，此之谓大丈夫。

——《孟子·滕文公下》

【译文】身处富贵而不纵情声色，身处贫贱而不改变操守，面对权势而不屈服变节，这才称得上真正的大丈夫。

2. 孟子曰："存乎人者莫良于眸子①。眸子不能掩其恶，胸中正，则眸子瞭焉②；胸中不正，则眸子眊焉③。听其言也，观其眸子，人焉廋哉④！"

——《孟子·离娄上》

【注释】①存乎人者莫良于眸子：最能体现一个人性格特征的，莫过于他的眼睛。存，保存，体现。②瞭：明亮。③眊（mào）：浑浊昏暗。④廋（sōu）：藏匿，隐藏。

【译文】孟子说："最能体现一个人性格特征的，莫过于他的眼睛。眼睛难以掩饰心中的邪念。心胸正直，则眼睛清澈明亮；居心不正，则眼睛浑浊昏暗。在听一个人讲话的时候，观察他的眼睛，他怎么也掩藏不了自己。"

3. 孟子曰："大人者，不失其赤子之心①者也。"

——《孟子·离娄下》

【注释】①赤子之心：童心，纯真的本心。赤子，刚出生的婴儿。

【译文】孟子说："伟大的人，是能保持其纯真本心的人。"

4. 孟子曰："鱼，我所欲也，熊掌，亦我所欲也。二者不可得兼，舍鱼而取熊掌者也。生，亦我所欲也，义，亦我所欲也。二者不可得兼，舍生而取义者也。生亦我所欲，所欲有甚于生者，故不为苟得也。死亦我所恶，所恶有甚于死者，故患有所不避也①。如使人之所欲莫甚于生，则凡可以得生者何不用也。使人之所恶莫甚于死，则凡可以避患者何不为也。由是则生而有不用也，由是则可以避患而不为也。是故所欲有甚于生者，所恶有甚于死者。非独贤者有是心也，人皆有之，贤者能勿丧耳②。"

——《孟子·告子上》

【注释】①故患有所不避也：所以有时祸患来了，并不逃避。②贤者能勿丧耳：贤者能够坚守罢了。丧，放弃。

【译文】孟子说："鱼，是我想要的，熊掌，也是我想要的，如果不能同时得到两者，则弃鱼而留下熊掌。生命，是我想要的，道义，也是我想要的，如果不能同时得到两者，则放弃生命而坚守道义。生命固然是我想要的，但我想要的有超过生命的东西，所以不想苟且偷生。死亡固然是我所厌恶的，但我所厌恶的有超过死亡的东西，所以即便是死亡也不会回避。如果一个人最大的欲望只是活着，则凡是可以让自己活下去的事情便可以不择手段。如果一个人最厌恶的事情莫过于死亡，则凡是可以避免死亡的事情便可以无所不为。靠这种方法虽然能苟且偷生，有人却不肯用；靠这种方法虽然能躲避死亡，有人却不肯为。所以一个人生存的意义有超过生命本身的东西，一个人的恐惧也有超过死亡的东西。不仅仅是贤者才有这样的想法，每个人都有这样的想法，只是贤者能够坚守罢了。"

5. 孟子曰："君子有三乐，而王天下①不与存焉。父母俱存，兄弟无故，一乐也。仰不愧于天，俯不怍②于人，二乐也。得天下英才而教育之，三乐也。君子有三乐而王天下不与存焉。"

——《孟子·尽心上》

【注释】①王天下：称王天下，统治天下。②怍（zuò）：惭愧。

【译文】孟子说："君子有三件快乐的事情，而称王于天下不在其中。父母俱存，兄弟都在，乐事之一。上不愧于天，下不怍于地，乐事之二。教育出天下的英才，乐事之三。君子有三件快乐的事情，而称王于天下不在其中。"

6. 孟子曰："养心莫善于寡欲。其为人也寡欲，虽有不存焉者寡矣①。其为人也多欲，虽有存焉者寡矣②。"

—— 《孟子·尽心下》

【注释】①虽有不存焉者寡矣：本性虽有迷失的地方，但迷失的会很少。不存，指本性迷失于心。②虽有存焉者寡矣：本性虽还会有所保存，但保存的会很少。

【译文】孟子说："养心最好的办法莫过于寡欲。一个人能做到清心寡欲，本性虽会有所迷失，但迷失的会很少。一个人欲望强烈，本性虽能有所保存，但保存的会很少。"

（三）荀子

1. 身贵而愈恭，家富而愈俭，胜敌而愈戒。

—— 《荀子·儒效》

【译文】身为显贵而愈益谦恭，家庭富有而愈益节俭，战胜了敌人而愈益小心。

2. 志意修则骄富贵，道义重则轻王公，内省而外物轻矣①。传曰："君子役物，小人役于物②。"此之谓矣。身劳而心安，为之；利少而义多，为之；事乱君而通，不如事穷君而顺焉③。故良农不为水旱不耕，良贾不为折阅不市④，士君子不为贫穷怠乎道⑤。

—— 《荀子·修身》

【注释】①内省而外物轻矣：重视内心的反省，就会轻视心外的事物。②君子役物，小人役于物：君子役使外物，小人为外物所役使。③事乱君而通，不如事穷君而顺焉：

侍奉昏乱的君主而显贵，不如侍奉穷困中的君主而开心顺畅。④折阅：折价出售。折，折价；阅，出售。⑤怠：懈怠，放弃。

【译文】内在修养高的人就会傲视显贵，看重道义的人就会轻视王公，注重内心反省的人，就会轻视心外的事物。史书上说："君子役使外物，而小人为外物所役使。"说的就是这个意思。身体虽然劳累而内心却很安宁的事，则要积极去做；利益虽少但充满正义的事，也要积极去做；侍奉昏乱无德的君主而显贵，不如侍奉穷困中的君主而开心顺畅。所以好的农民不会因为遭遇水旱之灾就不再耕种，好的商人不会因为亏本就不再做买卖，有志向的君子不会因为贫穷而放弃操守。

（四）戴圣

1. 大学之道，在明明德①，在亲民，在止于至善②。知止而后有定③，定而后能静，静而后能安，安而后能虑，虑而后能得。物有本末，事有终始。知所先后，则近道矣。古之欲明明德于天下者，先治其国。欲治其国者，先齐其家，欲齐其家者，先修其身。欲修其身者，先正其心。欲正其心者，先诚其意。欲诚其意者，先致其知④。致知在格物⑤。物格而后知至，知至而后意诚，意诚而后心正，心正而后身修，身修而后家齐，家齐而后国治，国治而后天下平。自天子以至于庶人，一是皆以修身为本。其本乱而末治者否矣；其所厚者薄，而其所薄者厚，未之有也⑥。此谓知本，此谓知之至也⑦。

——《礼记·大学》

【注释】①在明明德：在于弘扬正大光明的品德。第一个明，动词，弘扬；第二个明，形容词，光明正大。②在止于至善：在于使人达到最完美的境界。止，处于，达到。至善，最完美的境界。③知止而后有定：知道自己目标所在，才能让自己内心坚定。④致其知：使自己获得知识。致，求得，获得。⑤格物：探究事物的道理。格，推究。⑥其所厚者薄，而其所薄者厚，未之有也：该重视的却漠然视之，不该重视的却倾情关注，这样能治理好国家，是没有先例的。⑦知之至：达到了认识的最高境界。

【译文】大学的宗旨，在于弘扬正大光明的品德，在于亲近百姓，在于使人达到最完美的境界。知道自己的目标所在，才能让自己内心坚定，内心坚定才能头脑镇静，头脑镇静才能心绪安宁，心绪安宁才能周密思考，周密思考才能有所收获。每件东西都有关键和枝节的区别，每件事情都有开始和终结的过程，能够掌握事件发展的先后顺序和关键所在，则接近于事物发展的规律了。古代那些想要在天下弘扬正大光明品德的人，先治理好自己的国家。想要治理好自己的国家，先管理好自己的家人。想要管理好自己的家人，先提高自身的修养。想要提高自身的修养，先端正自己的心思。想要端正自己的心思，先让自己心怀诚意。想要让自己心怀诚意，先使自己获得知识。想要让自己获得知识，先要探究事物发展的道理。弄清了事物发展的道理，便获得了知识；获得了知识，便能让自己的心怀诚意；心怀诚意了，便能端正自己的心思；心思端正了，便能提高自身的修养；修养提高了，便能管理好自己的家人；家人管理好了，便能治理好国家；国家治理好了，便能让天下太平。上自国家元首，下至平民百姓，人人都要以修身为根本。如果事情的根本错了，而希望把枝节做好，这是不可能的；如果不知道事情的轻重缓急，厚薄不分，而希望把事情做好，这是没有先例的。这就叫作掌握了事物的本质，达到了认识的最高境界。

2. 所谓诚其意者，毋自欺也。如恶恶臭①，如好好色②，此之谓自谦③。故君子必慎其独也！小人闲居为不善，无所不至，见君子而后厌然④，掩其不善，而著其善。人之视己，如见其肺肝然⑤，则何益矣？此谓诚于中，形于外。故君子必慎其独也。曾子曰："十目所视，十手所指，其严乎⑥！"富润屋，德润身，心广体胖。故君子必诚其意。

——《礼记·大学》

【注释】①恶恶臭：厌恶极臭的东西。第一个恶作动词用，意为厌恶。②好好色：喜欢漂亮的颜色。第一个好作动词用，意为喜欢。③自谦：自我满意。谦，同"慊（qiè）"，满足。④厌然：闭藏貌。⑤人之视己，如见其肺肝然：别人看他，就像看到他的肝肺一样，一目了然。意谓无所掩藏。⑥十目所视，十手所指，其严乎：一个人的一举一动，都在别人的注视之下，监督之下，这难道还不严厉吗？

【译文】所谓诚其意，就是指不要自己欺骗自己。譬如厌恶极臭的东西，譬如喜欢漂亮的颜色，这就叫作让自己满意。所以君子必须在独处的时候保持谨慎。小人独处时，无论什么坏事都做得出来，见到正人君子时却又刻意掩饰自己的坏事，而显摆自己做过的好事。别人看他，就像看到他的肝肺一样，一目了然，这样掩饰自己又有什么用呢？这就叫作你心中有什么想法，就会在外面表现出来。所以君子一定要在独处时保持谨慎。曾子说："一个人的一举一动，都在别人的注视之下，监督之下，这难道还不严厉吗？"财富可以装饰房屋，而品德却可以滋养身体，心宽便能体胖。所以君子一定要心怀诚意。

3. 傲不可长，欲不可纵，志不可满，乐不可极。

——《礼记·曲礼》

【译文】骄傲不可滋长，欲望不可放纵，胸怀不可志得意满，享乐不可毫无节制。

（五）扬雄

扬雄：字子云，西汉学者，属今四川成都市郫都区人。少好学，口吃，博览群书，长于辞赋。年四十余，始游京师，以文见召，作《甘泉》《河东》等赋。后模拟《易经》作《太玄》，模拟《论语》作《法言》等。晚年主张一切言论应以"五经"为准，鄙薄辞赋，谓为"雕虫篆刻，壮夫不为"。扬雄是司马相如之后西汉最著名的辞赋家，二人合称扬马。

人之性也善恶混，修其善者为善人，修其恶者为恶人。

——《法言·修身》

【译文】人的本性，有善也有恶，培养善的方面便能成为善人，培养恶的方面便会成为恶人。

（六）司马光

夫俭则寡欲，君子寡欲，则不役于物，可以直道而行；小人寡欲，则能谨身节用，远罪丰家。故曰："俭，德之共也。"侈则多欲。君子多欲则贪慕富贵，枉道速祸；小人多欲则多求妄用，败家丧身；是以居官必贿，居乡必盗。故曰："侈，恶之大也。"

——《司马文正公集·训俭示康》

【译文】节俭的人则能寡欲，君子寡欲，则不会为外物所驱使，可以直道而行；小人寡欲，则能谨慎行事，节约开支，远离罪恶，富裕家庭。所以说："节俭，是有德者共同具备的特征。"奢侈的人则多欲。君子多欲则贪慕富贵，背离道德，加速灾祸的到来；小人多欲则贪得无厌，挥霍无度，败家丧身；而且做官必定会受贿，做普通人必定会成为盗贼。所以说："奢侈，是邪恶中的大恶。"

（七）朱熹

1. 朱子曰："今人皆不能修身。方其为士，则役役求仕，既仕则复患禄之不加，趋走奔驰，无一日闲，何如山林布衣之士，道义足于身。道义既足于身，则何物能撄之哉①？"

——《朱子语类》卷十三

【注释】①撄：扰乱。

【译文】朱子说："现在的人都不能修身。刚刚成为读书人时，便想方设法要做官，担任了官职之后又忧虑俸禄不涨，趋炎附势，奔波劳累，没有一天空闲的时候，怎比得隐居山林的普通读书人，道义充足于心中。道义既充足于心中，又有什么东西能扰乱他的心思呢？"

2. 朱子曰："专做时文底人，他说底都是圣贤说话，且如说廉他也会说得好，说义他也会说得好，待他身做处，只自不廉，只自不义。缘他将许多话，只是就纸上说，廉是题目上合说廉，义是题目上合说义，都不关自家身己些子事。"

——《续近思录》卷二

【译文】朱子说："专做时文的人，他说的话跟圣贤说的一模一样，譬如说廉洁，他也会说得很好，说道义他也会说得很好，可是看他实际做的事情，一点不廉洁，一点不讲道义。因为他的很多语言，只是纸上说说而已，廉是文章的主题应该说廉，义是文章的主题应该说义，与他自己的为人处世都毫不相关。"

3. 朱子曰："人当有以自荣，则用舍行藏之间，随所遇而安之。圣人于用舍甚轻，没些紧要，用则行，舍则藏。如晴，则著鞋，雨下则赤脚。"

——《续近思录》卷七

【译文】朱子说："一个人应该有可以让自己感到荣耀的东西，那么无论是得到施展的机会，还是隐居山林，都可以随遇而安。圣人对于能否施展自己的才能，看得很轻，认为无关紧要，有机会便大展宏图，没有机会便隐居山林，就像晴天便穿鞋，雨天便赤脚一样。"

4. 朱子曰："书不记，熟读可记；义不精，细思可精。惟有志不立，直是无著力处。只如今贪利禄而不贪道义，要作贵人而不要作好人，皆是志不立之病。"

——《续近思录》卷十二

【译文】朱子说："书背诵不了，熟读便可背诵；道义不清楚，仔细思考便可弄清楚；唯有志向不明确，直是没有可以使劲的地方。就像现在一些人贪图利禄而不追求道义，要做贵人而不做好人，都是志向不明的表现。"

（八）陆九渊

陆九渊：字子静，号象山，世称象山先生。南宋著名理学家和教育家，是宋明两代"心学"的开山祖，与朱熹齐名，史称"朱陆"，但两人见解多不合。提出"宇宙便是吾心，吾心即是宇宙"，"学苟知道，六经皆我注脚"。明代王阳明发展其学说，成为"陆王学派"，对近代中国理学影响极大。

若其心正，其事善，虽不曾识字，亦自有读书之功；其心不正，其事不善，虽多读书，有何所用？用之不善，反增过恶耳。

——《陆九渊集》卷二十三

【译文】若心思正直，为人善良，虽不识字，也自有读书之功。若心术不正，为人不善，虽然读书很多，又有什么用呢？用得不好，反而增加自己的过错和罪恶。

（九）洪应明

洪应明：字自诚，号还初道人，明代思想家、学者，属今四川新都人，有《菜根谭》传世，书名取自宋儒汪革语："人就咬得菜根，则百事可成。"早年热衷宦途功名，晚年归隐山林，洗心礼佛。

1. 士人有百折不回之真心，才有万变不穷之妙用。立业建功，事事要从实地着脚，若少慕声闻，便成伪果；讲道修德，念念要从虚处立基，若稍计功效，便落尘情。

2. 己之情欲不可纵，当用逆之之法以制之，其道只在一忍字；人之情欲不可拂，当用顺之之法以调之，其道只在一恕字。今人皆恕以适己而忍以制人，毋乃不可乎！

3. 肝肠煦若春风，虽囊乏一文①，还怜茕独②；气骨清如秋水，纵家徒四壁，终傲王公。

【注释】①囊：口袋。乏：没有。②茕（qióng）独：孤独无依。茕，没有兄弟。

4. 贫士肯济人，才是性天中惠泽；闹场能学道，方为心地上工夫。

5. 为善不见其益，如草里冬瓜，自能暗长；为恶不见其损，如庭前春雪，势必潜消。

6. 人只一念贪私，便销刚为柔，塞智为昏，变恩为惨，染洁为污，坏了一生人品。故古人以不贪为宝，所以度越一世。

7. 平民肯种德施惠，便是无位的卿相；仕夫徒贪权市宠，竟成有爵的乞人。

8. 天地有万古，此身不再得；人生只百年，此日最易过。幸生其间者，不可不知有生之乐，亦不可不怀虚生之忧。

9. 事稍拂逆，便思不如我的人，则怨尤自消；心稍怠荒，便思胜似我的人，则精神自奋。

10. 把自己太看高了，便不能长进；把自己太看低了，便不能振兴。

——以上均出自《菜根谭》

第五章

处世篇

一、导　读

不是每个人都能治国平天下，也不是每个人都要治国平天下，但每个人都必须懂得与人相处的道理和原则。尤其对于现代年轻人来说，如何为人处世，是特别值得关注的一件事情，因为年轻人走出校门，遇到的第一个问题，便是如何在职场中获得上司和同事的认同，为自身事业创造一个有利的发展环境。除少数特立独行之士，可以单凭个人的努力获得巨大成功之外，对于大多数人来说，他人的信任和支持，是其有所作为不可或缺的外在力量。

儒家所说的修身，并不是一件孤立的事情，它的目的和意义，都一一体现在与他人交往的过程之中。修身与处世，可谓人的一体两面，修身是一个人的内在修养，而处世则是一个人的外在表现。修身做好了，则处世无所不当，修身没有做好，则可能导致事事不顺，四处碰壁。正如朱熹所说的："处己接物，内外无二道也。得于己而失于物者无之。故凡失于物者，皆未得于己者也。"

儒家处世观，是儒家基本思想在待人接物中的具体表现，其大体可以归纳为：以诚待人，与人为善，秉持公道，临机应变。一个信奉儒家思想的人，他必定是个讲诚信的人，是个温和善良的人，是个敢于坚持正义的人，但也绝不会是一个迂腐顽固的人。

儒家的处世观，其实在每一个中国人身上都会或多或少地有所体现，因为即便一个人没有系统地学习过儒家思想，读过儒家的典籍，其思想、性格、为人处世的原则，必然会受到父母、老师、朋友的影响。儒家的许多主张已经深入中国人的思维深处，潜移默化成了中国人性格特征的一部分，所以，今天的人们再重新阅读儒家著作，了解儒家的处世原则，仍然会倍感亲切，乐于接受，而不会觉得疏远和陌生。

二、经典选读

（一）孔子

1. 子禽①问于子贡曰："夫子至于是邦也，必闻其政。求之与？抑与之与②？"子贡曰："夫子温良恭俭让以得之。夫子求之也，其诸异乎人之求之与③。"

——《论语·学而》

【注释】①子禽：孔子弟子，姓陈名亢，字子禽。②求之与？抑与之与：是自己询问到的？还是别人主动告诉他的？求，向人询问；与，别人告诉。③其诸异乎人之求之与：他询问政事的方式与一般人不同。

【译文】子禽问子贡道："孔子到一个地方，必定要打听这个地方的治理情况。是他自己询问到的，还是别人主动告诉他的呢？"子贡回答说："孔子是靠温良恭俭让来得到的。孔子是自己询问到的，只是他询问的方式与别人不一样。"

2. 子曰："不患人之不己知，患不知人也①。"

——《论语·学而》

【注释】①患，忧虑，担心。

【译文】孔子说："不要担心别人不了解自己，而要担心自己不了解别人。"

3. 子曰："君子周而不比，小人比而不周①。"

——《论语·为政》

【注释】①周，以道义相交；比，以利益相交。

【译文】孔子说："君子以道义相交，而不结党营私；小人结党营私，而不讲道义。"

4.子曰："居上不宽，为礼不敬，临丧不哀。吾何以观之哉①！"

——《论语·八佾》

【注释】①吾何以观之哉：对这种人有什么值得观察的呢。

【译文】孔子说："居于上位却不宽容，向人行礼却无敬意，悼念死者却不悲伤。对这种人有什么值得关注的呢？"

5.子曰："参①乎，吾道一以贯之。"曾子曰："唯。"子出，门人问曰："何谓也？"曾子曰："夫子之道，忠恕而已矣②。"

——《论语·里仁》

【注释】①参：曾参，孔子弟子，鲁国人，与其父曾点同师孔子，是儒家学派的重要代表人物，参与了《论语》的编辑整理。孔子临终将其孙子思托付于曾参。②夫子之道，忠恕而已矣：老师的道，就是忠、恕两个字。凡事尽自己的努力，是为忠，能推己及人则为恕。

【译文】孔子说："曾参，我的思想有一个基本的东西贯穿始终。"曾参说："是的。"孔子出去后，弟子问曾参："老师说的是什么？"曾参说："老师的道，就是忠、恕两个字。"

6.子曰："见贤思齐焉①，见不贤而内自省也。"

——《论语·里仁》

【注释】①见贤思齐焉：遇见品德高尚的人，就要想着向他看齐。

【译文】孔子说："遇见品德高尚的人，就要想着向他看齐；见到品德不好的人，就要反躬自省。"

7.子曰："古者言之不出，耻躬之不逮也①。"

——《论语·里仁》

【注释】①逮（dài）：达到。

【译文】孔子说："古人之所以不轻易把话说出口，是他们以做不到为耻辱。"

8. 子曰："德不孤，必有邻。"

——《论语·里仁》

【译文】孔子说："有道德的人不会孤单，周围必定会有志同道合者。"

9. 子游曰："事君数，斯辱矣①。朋友数，斯疏矣。"

——《论语·里仁》

【注释】①事君数，斯辱矣：侍奉君主太过亲近，就可能招致屈辱。数（shuò），屡次，过多。

【译文】子游说："侍奉君主太过亲近，就可能招致屈辱。朋友之间往来太过密切，就会变得疏远。"

10. 子曰："宁武子①，邦有道，则知，邦无道，则愚②。其知可及也，其愚不可及也。"

——《论语·公冶长》

【注释】①宁武子：宁俞，春秋时期卫国大夫，谥武子。②愚：装傻。

【译文】孔子说："宁武子这人，世道清明时，就聪明，世道昏暗时，就装傻。他的聪明别人学得来，他的装傻别人做不到。"

11. 子曰："巧言、令色、足恭①，左丘明②耻之，丘亦耻之。匿怨而友其人③，左丘明耻之，丘亦耻之。"

——《论语·公冶长》

【注释】①足恭：过度恭敬，以取媚于人。②左丘明：鲁国太史，约与孔子同时，而年辈稍晚。著有《春秋左氏传》《国语》等。其品行高洁，为孔子所推崇。③匿怨：对人怀恨在心而不表现出来。

【译文】孔子说："花言巧语，满脸堆笑，过分恭敬，左丘明认为可耻，我也认为可耻。隐藏怨恨，表面装出友好的样子，左丘明认为可耻，我也认为可耻。"

12. 子路、曾晳①、冉有、公西华侍坐。子曰："以吾一日长乎尔，毋吾以也②。居则曰：不吾知也③。如或知尔④，则何以哉⑤？"子路率尔⑥对曰："千乘之国，摄乎⑦大国之间，加之以师旅，因之以饥馑，由也为之，比及三年，可使有勇，且知方也⑧。"夫子哂之。"求，尔何如？"对曰："方六七十，如五六十⑨，求也为之，比及三年，可使足民。如其礼乐，以俟君子⑩。""赤，尔何如？"对曰："非曰能之，愿学焉。宗庙之事，如会同⑪，端章甫⑫，愿为小相⑬焉。""点，尔何如？"鼓瑟希⑭，铿尔，舍瑟而作⑮。对曰："异乎三子者之撰⑯。"子曰："何伤乎？亦各言其志也。"曰："暮春者，春服既成⑰，冠者五六人，童子六七人，浴乎沂⑱，风乎舞雩⑲，咏而归。"夫子喟然叹曰："吾与点也。"三子者出，曾晳后，曾晳曰："夫三子者之言何如？"子曰："亦各言其志也已矣。"曰："夫子何哂由也？"曰："为国以礼。其言不让，是故哂之。""唯求则非邦也与⑳？""安见方六七十如五六十而非邦也者？""唯赤则非邦也与？""宗庙会同，非诸侯而何？赤也为之小，孰能为之大！"

——《论语·先进》

【注释】①曾晳（xī）：孔子早期弟子，又称曾点，字子晳，曾参之父。②毋吾以也：不要因为我（年纪大一点）就不说话了。③不吾知也：没有人了解我。④如或知尔：如有人了解你们。⑤则何以哉：那你们打算做些什么呢。⑥率尔：不假思索。⑦摄乎：逼近。⑧且知方也：并且知道做人的道理。方，方法，道理。⑨方六七十，如五六十：纵横六七十里，或五六十里的国家。方，纵横；如，或者。⑩如其礼乐，以俟君子：至于礼乐教化，则只能等贤人君子来推行了。⑪会同：诸侯会盟。⑫端：古代礼服的名称。章甫：古代一种礼帽。⑬小相：司仪。⑭鼓瑟希：弹瑟的节奏慢了下来。希，同"稀"。⑮作：站起来。⑯撰：表述。⑰春服既成：

已经穿上了春天的衣服。⑱ 沂：沂水，源出山东省，至江苏省入海。⑲ 风乎舞雩：在舞雩坛上任风吹拂。舞雩（yú），鲁国求雨的坛，现在曲阜市东。古代求雨祭天，设坛命女巫为舞，故称舞雩。⑳ 唯求则非邦也与：那么冉有讲的不是治理国家的道理吗。

【译文】子路、曾皙、冉有、公西华陪伴孔子坐着。孔子说："我比你们年纪都要大一些，不要因为我就不说话了。你们平日总是说：'没有人了解我！'如果有人了解你们，那你们打算做些什么呢？"子路不假思索地回答道："一个千乘之国，夹在大国的中间，受到大国的侵犯，接着又遭受灾荒，如果让我去治理，等到三年之后，可以让百姓变得勇敢，并且懂得做人的道理。"孔子听了嘲讽地一笑，又问道："冉求，你怎么样？"冉求回答道："纵横六七十里或者五六十里的小国，我去治理它，等到三年之后，可以使百姓富足。至于礼乐教化，则只能等待贤人君子了。"孔子又问道："公西赤，你怎么样？"公西赤回答道："不是说我能够做到这一点，但我愿意学习它。诸侯宗庙的祭祀，或者诸侯之间的盟会，我愿意穿上礼服，戴上礼帽，做一个小相。"孔子又问道："曾点，你怎么样？"曾皙弹琴的声音稀疏下来，最后铿的一声，放下琴站起身来，回答道："我的志趣跟他们三人都不同。"孔子说："这有什么关系呢？不过是各人说说自己的志向而已。"曾皙说："暮春时节，已经穿上了春天的衣服，我同五六个成年人，六七个少年，在沂水里洗洗澡，在舞雩坛上吹吹风，一路唱着歌往回走。"孔子长叹一声道："我的想法跟曾点说的一样。"子路、冉有、公西华三个人出去了。曾皙留在后边，问孔子道："那三人的话怎么样？"孔子说："只不过是各自说了志向罢了。"曾皙问道："老师为什么哂笑仲由呢？"孔子说："治理国家要靠礼，他的话一点不谦让，所以哂笑他。"曾皙又问道："难道冉求讲的不是治国之道吗？"孔子反问道："怎见得纵横六七十里或者五六十里的地方就不能用治国之道呢？"曾皙继续问道："难道公西赤所说的就不是治国之道吗？"孔子回答道："宗庙祭祀，诸侯盟会，不是国家大事又是什么呢？如果公西赤只能给诸侯做小相，谁能给诸侯做大相呢？"

13. 子曰："君子成人之美，不成人之恶①。小人反是。"

—— 《论语·颜渊》

【注释】①君子成人之美，不成人之恶：君子成全别人的好事，而不助长别人的邪恶。

【译文】孔子说："君子成全别人的好事，而不助长别人的邪恶。小人正好相反。"

14. 子贡问曰："乡人皆好之，何如？"子曰："未可也。""乡人皆恶之，何如？"子曰："未可也。不如乡人之善者好之，其不善者恶之。"

—— 《论语·子路》

【译文】子贡问道："全乡百姓都喜欢这个人，您认为怎么样？"孔子说："这还不行。"子贡又问孔子道："全乡百姓都厌恶这个人，您认为怎么样？"孔子说："这也还不行。不如全乡的好人都喜欢他，全乡的坏人都厌恶他。"

15. 或曰："以德报怨，何如？"子曰："何以报德？以直报怨①，以德报德。"

—— 《论语·宪问》

【注释】①以直报怨：用公平正直的态度对待伤害过自己的人。直，正直，公正。

【译文】有人问道："用善行回报恶行，怎么样？"孔子说："那用什么回报善行呢？用正直的态度回报恶行，用善行回报善行。"

16. 子曰："直哉史鱼①，邦有道如矢②，邦无道如矢。君子哉蘧伯玉，邦有道则仕，邦无道则可卷而怀之③。"

—— 《论语·卫灵公》

【注释】①史鱼：春秋时卫国大夫。名佗，字子鱼。卫灵公时任祝史，负责对社稷神的祭祀，故称祝佗。多次向卫灵公推荐蘧伯玉。临死嘱咐家人不要"治丧正室"，以劝诫卫灵公进贤去佞，史称"尸谏"。②矢：箭，形容其直。③卷而怀之：

隐退藏身以避祸。卷，收；怀，藏。

【译文】孔子说："史鱼真是个正直的人！国家政治清明时他像箭一样正直，国家政治昏暗时他同样像箭一样正直。蘧伯玉是个真君子！国家政治清明时他做官，国家政治昏暗时他便隐退藏身了。"

17. 子曰："人无远虑，必有近忧。"

【译文】孔子说："一个人如果没有长远的谋划，那么忧患一定会近在眼前。"

——《论语·卫灵公》

18. 子曰："躬自厚而薄责于人，则远怨矣。"

——《论语·卫灵公》

【译文】孔子说："多责备自己，少责备别人，就可以远离怨恨了。"

19. 子曰："巧言乱德，小不忍则乱大谋。"

——《论语·卫灵公》

【译文】孔子说："花言巧语能败坏德行。小事不能忍耐就会败坏大的谋划。"

20. 子曰："道不同，不相为谋。"

——《论语·卫灵公》

【译文】孔子说："价值观不同的人，不能在一起谋划事情。"

21. 孔子曰："益者三友，损者三友。友直，友谅①，友多闻，益矣。友便辟②，友善柔③，友便佞④，损矣。"

——《论语·季氏》

【注释】①谅：诚信正直。②便辟：善于走邪路的人。便，熟习，巧于；辟，同"僻"，邪僻。③善柔：喜欢阿谀奉承的人。④便佞：善于花言巧语的人。

【译文】孔子说："有益的朋友有三种，有害的朋友有三种。与正直的人交朋友，与诚信的人交朋友，与知识渊博的人交朋友，能给自己带来帮助。与喜欢走邪路的人交朋友，与喜欢阿谀奉承的人交朋友，与喜欢花言巧语的人交朋友，会给自己带来损害。"

22. 柳下惠为士师①，三黜②。人曰："子未可以去乎？"曰："直道而事人，焉往而不三黜；枉道而事人③，何必去父母之邦。"

——《论语·微子》

【注释】①士师：典狱官，掌管刑狱。②三黜：三次被罢免。③枉道：不按正道。

【译文】柳下惠任典狱官，三次被罢免。有人问他："你怎么不离开这里呢？"柳下惠回答道："事奉君主时坚守正道，到哪里不会被多次罢免？事奉君主时不守正道，又何必离开父母之邦呢？"

（二）孟子

1. 爱人者，人恒爱之；敬人者，人恒敬之。

——《孟子·离娄下》

【译文】关爱别人的人，别人也会关爱他；尊敬别人的人，别人也会尊敬他。

2. 孟子曰："可以取，可以无取，取伤廉；可以与，可以无与，与伤惠①；可以死，可以无死，死伤勇。"

——《孟子·离娄下》

【注释】①惠：恩惠。

【译文】孟子说："可以收取，也可以不收的，收了有损廉洁；可以给予，也可以不给予的，给了有损恩惠；可以死，也可以不死的，死了有损勇敢。"

3. 齐人有一妻一妾而处室者。其良人出，则必餍酒肉而后反①。其妻问所与饮食者，则尽富贵也。其妻告其妾曰："良人出，则必餍酒肉而后反，问其与饮食者，尽富贵也。而未尝有显者②来。吾将瞯③良人之所之也。"早起，施从④良人之所之，遍国中⑤无与立谈者，卒之东郭⑥坟间，之祭者乞其余，不足，又顾而之他。此其为餍足之道也。其妻归，告其妾曰："良人者，所仰望而终身也，今若此。"与其妾讪⑦其良人，而相泣于中庭，而良人未之知也，施施⑧从外来，骄其妻妾。由君子观之，则人之所以求富贵利达者，其妻妾不羞也而不相泣者几希矣。

——《孟子·离娄下》

【注释】①餍（yàn）：吃饱喝足。反，同"返"。②显者：有名望的人。③瞯（kàn）：窥视，偷看。④施从：尾随跟从。施，徐行。⑤国中：都城中。⑥东郭：东城。⑦讪：讥刺，挖苦。⑧施施：沾沾自喜的样子。

【译文】齐国有个人和一妻一妾共同生活。丈夫每次外出，都是吃饱喝足之后才回家。妻子问他跟什么人一起吃饭，他说都是些富贵之人。妻子对妾说："丈夫每次出去，都是酒醉饭饱之后才回家，问他跟谁在一起吃饭，他说都是些富贵之人。可是家里从没来过达官显贵。我要暗中看看他到底去了什么地方。"清早起来，妻子便尾随在丈夫的后面，整个都城都没有人停下来跟他交谈。最后丈夫到了东城的坟山之中，向那些扫墓的人乞讨残羹剩饭。一次没吃够，又四下看看，寻找别的扫墓人。这就是他经常酒醉饭饱的方法。他的妻子回到家中，告诉了妾之后说："丈夫，是我们希望终身依靠的人，现在却是这个样子。"于是两人一起埋怨丈夫，在院子里哭成一团。丈夫却一点也不知道，还沾沾自喜地从外面回来，在妻妾面前扬扬得意。在君子看来，人们用来求取升官发财的方法，他们的妻妾不引以为耻并相与哭泣的，非常少见！

4. 万章问曰："敢问友？"孟子曰："不挟①长，不挟贵，不挟兄弟而友也。友也者，友其德也，不可以有挟也。孟献子②，百乘之家也，有友五人焉，乐正裘、牧仲，其三人，则予忘之矣。献子之与此五人者友也，无献子之家者也③。此五人者，亦有献子之家，则不与之友矣。"

——《孟子·万章下》

【注释】①挟：凭借，倚仗。②孟献子：春秋时鲁国孟孙氏第五代宗主，名蔑，世称仲孙蔑，谥号献。曾多次代表鲁国，与诸侯会盟。③无献子之家者也：心目中没有孟献子是一个大夫的概念。

【译文】万章问道："请问应怎样交朋友。"孟子说："不倚仗年龄大，不倚仗地位高，不倚仗兄弟的权势去交朋友。交朋友，交的是品德，不能够有什么倚仗。孟献子是百乘之家，有五个朋友：乐正裘、牧仲，其余三人的姓名，我忘记了。献子与这五个人交朋友，心目中并不存在自己是大夫的想法。这五个人，如果心目中存有献子是大夫的想法，也就不会与献子交朋友了。"

5. 孟子曰："好名之人，能让千乘之国。苟非其人，箪食豆羹见于色①。"

——《孟子·尽心下》

【注释】①箪食豆羹见于色：就算是让出一筐饭、一碗汤，脸色也会显得不高兴。

【译文】孟子说："喜欢名声的人，能把千乘之国让给别人。如果不是这样的人，就算是让出一筐饭、一碗汤，脸色也会显得不高兴。"

6. 盆成括①仕于齐。孟子曰："死矣，盆成括。"盆成括见杀。门人问曰："夫子何以知其将见杀？"曰："其为人也小有才，未闻君子之大道也，则足以杀其躯而已矣。"

——《孟子·尽心下》

【注释】①盆成括：齐人，姓盆成，名括。

【译文】盆成括刚到齐国担任官职时，孟子说："盆成括死到临头了。"盆成括被杀后，弟子问道："老师怎么知道他将被杀？"孟子回答道："盆成括小有才气，但不懂得君子做人的大道理，这是足以招致杀身之祸的。"

7. 孟子曰："说大人，则藐之①，勿视其巍巍然。堂高数仞，榱题②数尺，我得志弗为也。食前方丈③，侍妾数百人，我得志弗为也。般乐④饮酒，驱骋田猎，后车千乘，我得志弗为也。在彼者皆我所不为也，在我者皆古之制也，吾何畏彼哉？"

——《孟子·尽心下》

【注释】①说大人，则藐之：跟地位显赫之人说话，内心中要藐视他，不要把他显赫的地位放在眼里。说，游说，进言。②榱（cuī）题：亦作"榱提"。屋椽的端头。通常伸出屋檐，因通称出檐。③食前方丈：饭桌上摆了一丈见方的食物，形容吃得奢侈。④般乐：大肆作乐。

【译文】孟子说："跟地位显赫之人说话，内心中要藐视他，不要把他显赫的地位放在眼里。即便他堂高数丈，屋檐数尺，如果我得志，不会建这么高大的房子；即便他佳肴满桌，侍妾数百，如果我得志，不会这么奢侈无度；即便他饮酒作乐，驰骋打猎，后面跟着上千的车辆，如果我得志，不会要这么大的排场。他所拥有的，都是我所不要的；而我所在意的是古代的典章制度，我为什么要畏惧他呢？"

（三）荀子

1. 自知者，不怨人。知命者，不怨天。怨人者穷，怨天者无志。失之己，反之人，岂不迂乎哉！

——《荀子·荣辱》

【译文】人有自知之明，则不会埋怨别人。懂得命运的人，则不会埋怨老天；埋怨别人的人就会到处碰壁，埋怨上天的人就会丧失进取之志。自己犯了错失，反而去责怪别人，难道不是很迂腐吗？

2. 与人善言，暖于布帛；伤人以言，深于矛戟。

——《荀子·荣辱》

【译文】充满善意的话，比布帛还要温暖；充满恶意的话，比刀枪伤人还要厉害。

3. 兼服天下之心：高上尊贵不以骄人，聪明圣知不以穷人①，齐给速通不争先人②，刚毅勇敢不以伤人。不知则问，不能则学；虽能必让，然后为德。遇君则修臣下之义，遇乡则修长幼之义，遇长则修子弟之义，遇友则修礼节辞让之义，遇贱而少者则修告导宽容之义。无不爱也，无不敬也，无与人争也，恢然如天地之苞③万物。如是，则贤者贵之，不肖者亲之。

——《荀子·非十二子》

【注释】①不以穷人：不因此而使人难堪。②齐给速通不争先人：才思敏捷，但不与人争先逞能。齐给，敏捷；速通，迅速领悟。③苞：同"包"，包容。

【译文】使天下所有人心悦诚服的方法：虽然身居高位但不因此傲视别人，虽然聪明睿智但不因此使人难堪，虽然才思敏捷但不因此与人争先逞能，虽然刚毅勇敢但不因此伤害别人。不懂就请教，不会就学习，虽然能干却很谦虚，认为这样做才算是有德。面对君主则恪尽职守，面对乡亲则尊长爱幼，面对长辈则尽子弟的义务，面对朋友则遵守礼节谦辞推让，面对职位较低的后生则多方教导、包涵宽容。没有不关爱的，没有不尊敬的，没有可以与人争执的，心胸宽广就像天地包容万物那样。能够做到这样，贤能的人就会尊重你，能力不强的人也会亲近你。

（四）二程

二程即程颢和程颐兄弟，均为北宋理学家。程颢字伯淳，世称明道先生；程颐字正叔，世称伊川先生，两人并称"二程"。二程在哲学上发挥了孟子至周敦颐的性理之学，建立了以"天理"为核心的理学体系，提出"万物皆只是一个天理"，认为阳阴二气和五行只是"理"或"天理"创生万物的材料。

不正而合①，未有久而不离者也；合以正道，自无终睽之理②。故贤者顺理而安行，智者知几③而固守。

——《程氏易传·睽传》

【注释】①不正而合：不走正道而相投的人。②睽（kuí）：分离，背离。③几：苗头，趋势。

【译文】不走正道而相投的人，时间一长没有不分开的。以正道相契合的人，也没有长期分离的道理。所以贤者顺从天道、心安理得，智者顺从大势、坚守本心。

（五）朱熹

1. 朱子曰："居处恭，执事敬，与人忠，便是存心之法。如说话觉得不是，便莫说；做事觉得不是，便莫做。只此是存心之法。"

——《朱子语类》卷十

【译文】朱子说："居处恭敬，做事认真，待人诚恳，这些便是保存本心的方法。如果说话觉得不对，就莫说；做事觉得不对，就莫做。只有这样才是保存本心的方法。"

2. 朱子曰："人生诸事，大抵且得随缘顺处，勉力读书，省节浮费，令稍有赢余，以俟①不时之须乃佳耳。"

——《续近思录》卷二

【注释】①俟（sì）：等待。

【译文】朱子说："人生诸事，大抵只能顺其自然，勉力读书，节省不必要的开支，让手中稍有积蓄，以备不时之需才好。"

（六）王阳明

处朋友，务相下则得益，相上则损。

——《传习录》

【译文】和朋友相处，互相谦让则能有所助益，互相攀比则会有所损害。

（七）洪应明

1. 好丑心太明，则物不契①；贤愚心太明，则人不亲。士君子须是内精明而外浑厚，使好丑两得其平，贤愚共受其益，才是生成的德量。

【注释】①契：相投，契合。

2. 交友须带三分侠气，做人要存一点素心。

3. 处世让一步为高，退步即进步的张本；待人宽一分是福，利人实利己的根基。

4. 不责人小过，不发人阴私，不念人旧恶，三者可以养德，亦可以远害。

5. 毋偏信而为奸所欺，毋自任而为气所使，毋以己之长而形人之短，毋因己之拙而忌人之能。

6. 俭，美德也，过则为悭吝、为鄙啬，反伤雅道；让，懿行也，过则为足恭、为曲礼，多出机心。

7. 栖守道德者，寂寞一时；依阿权势者，凄凉万古。达人观物外之物，思身后之身，守受一时之寂寞，毋取万古之凄凉。

——以上均出自《菜根谭》

（八）朱柏庐

朱柏庐：朱用纯，字致一，号柏庐，明末清初江苏昆山县人。理学家、教育家。其父朱集璜，于清顺治二年守昆城抵御清军，城破，投河自尽。柏庐终生不仕，居乡教授学生，潜心治学，以程、朱理学为本，提倡知行并进，躬行实践。著有《朱伯庐治家格言》《愧讷集》《大学中庸讲义》等，其《朱柏庐治家格言》，世称《朱子家训》。

1. 一粥一饭，当思来处不易；半丝半缕，恒念物力维艰。

2. 与肩挑贸易，毋占便宜；见贫苦亲邻，须加温恤。

3. 施惠勿念，受恩莫忘。

4. 人有喜庆，不可生妒忌心；人有祸患，不可生喜幸心。

——以上均引自《朱子家训》

（九）王永彬

1. 贫贱非辱，贫贱而谄求于人者为辱。富贵非荣，富贵而利济于世者为荣。

2. 名利之不宜得者竟得之，福终为祸。困穷之最难耐者能耐之，苦定回甘。

3. 但作里中不可少之人，便为于世有济。必使身后有可传之事，方为此生不虚。

4. 济世虽乏赀财，而存心方便，即称长者。生资虽少智慧，而虑事精详，即是能人。见人行善，多方赞成。见人过举，多方提醒，此长者待人之道也。闻人誉言，加意奋勉，闻人谤语，加意警惕，此君子修己之功也。

5. 君子存心但凭忠信，而妇孺皆敬之如神，所以君子落得为君子。小人处世尽设机关，而乡党皆避之若鬼，所以小人枉做了小人。

——以上均出自《围炉夜话》

第六章

孝行篇

一、导 读

孝，是一种爱的表现。

儒家所主张的仁爱，并非一个空泛的概念，而是有许许多多实际的内涵。子女孝敬父母，便是仁爱的具体表现之一。而且人类爱的理念，必然发端于父母子女之间。孝在某种程度上，是出于动物的一种天性，不仅人类具有，大多数动物也具有相同或类似的情感，它是动物天性的自然流露。正如《论语》所说："孝悌也者，其为仁之本与？"

有人说，儒家提倡"亲亲"，爱父母爱兄弟爱姐妹，其实是一种自私的表现。但反过来讲，如果一个人对自己的父母兄弟姐妹都没有爱心，他又怎么会对其他人满怀爱心呢？仁爱之心，正是体现在每个人的日常生活中，体现在父子夫妻兄弟姐妹之爱中的，唯其如此，才能将此中之爱扩展至邻里、同学、朋友与同事之间。不然，爱便只是一个空泛的概念，而没有着落的地方。

孝，同时也是一种责任。

儒家提倡的孝道，并非是单向的，子孝的前提在于父母慈爱。子女的孝顺，是对父母慈爱的一种回应。如果父不慈，则子便可以不孝；如果子女一出生就被父母弃之不顾，则子女长大后便没有孝敬父母的义务和责任。

一个人的成长，总离不开父母的悉心呵护。从出生、长大、升学、参加工作，到结婚生子，几乎每一个环节，都倾注了父母所有的心血。等你成长为一个能自立于社会、有所作为的人时，父母便已到了退休的年龄，如果你的父母是个农民，则意味着即将失去劳动生存的能力。面对年老的父母，我们该承担什么责任，自是不言而喻。

作为一个现代人应遵循的孝道，无外乎两点：一是让父母老有所养，病有所医；二是在父母面前和颜悦色，顺承意旨，在精神上给予关怀和慰藉。

当然，现代人履行孝道，不能泥古不化。毕竟今天的社会，与孔子所处的时代已发生翻天覆地的变化。我们不可能再像2000多年前那样，固守当时的孝道而一成不变，更不能像有些地方掀起的复古之风那样，动不动就拜倒在地，或者像《二十四孝》中所描述的那样以伤害自己身体为前提来履行所谓的孝道。至于孔子一度提倡的"三年无改父之道"，与科技发明日新月异、新生事物层出不穷的现代生活，更是不相适应了。如果父亲是个农民，儿子是个生物学家，儿子所要做的，恰恰是为了改变父亲沿袭已久的生存之道。儿子虽然改变了父亲的生存之道，其目的却是让父亲生存得更加美好。

需要特别指出的是，许多旧的纲常伦理，其实并非儒家本意，如东汉班固所提倡的"三纲五常"，将对父母的孝顺演绎成对君主的绝对服从，将孝道当作一种政治品格，则是统治者出于自身利益的需要，将孝的内涵无限地扩大了。至于备受现代人指责的"君要臣死，臣不得不死；父要子亡，子不得不亡"，则只是旧戏里的一句唱词，与儒家思想其实是背道而驰的。

有人认为，孝文化已经落后，已不适应市场经济的发展。因古时强调孝，有"养儿防老"之说，所以耶鲁大学陈志武先生将儒家的孝道纯粹解释成一种经济关系，是家庭成员间的一种利益交换，父母抚养子女，是为了获得子女的回报，养儿是为了防老。但这种观点无法解释很多父母对残疾子女仍然一视同仁，不忍抛弃，也无法解释在经济条件宽裕、不需子女回报的家庭，父母对子女仍然关爱有加。这种观点更无法解释动物的生存状态，很多动物长大后便离开父母另立门户，另谋出路，子女对于父母几乎没有任何回报可言，但动物们仍然像人类一样，对子女的成长悉心呵护。

孝道是中国人一种基本的伦理观，几千年来维持着家庭的和睦和社会的稳定，一个不遵循孝道的年代，也必定会是一个动荡的年代。

二、经典选读

（一）孔子

1. 有子曰："其为人也孝悌而好犯上者，鲜①矣。不好犯上而好作乱者，未之有也。君子务本，本立而道生。孝悌也者，其为仁之本与？"

——《论语·学而》

【注释】①鲜：很少。

【译文】有子说："孝顺父母，友爱兄长，而喜好触犯上级的，这样的人很少见。不喜好触犯上级，而喜好造反的人，是从来没有的。君子致力于事情的根本，根本建立了，道也就产生了。孝顺父母、友爱兄长，是否就是仁爱的根本呢？"

2. 子曰："弟子入则孝，出则悌，谨而信，泛爱众而亲仁，行有余力，则以学文。"

——《论语·学而》

【译文】孔子说："弟子在家则孝顺父母，出外则友爱兄弟，言行谨慎，讲求诚信，广泛关爱他人，亲近品德高尚者，这样做了还有余力，就用来学习文化知识。"

3. 孟懿子问孝①。子曰："无违。"樊迟御，子告之曰："孟孙问孝于我，我对曰无违。"樊迟曰："何谓也？"子曰："生，事之以礼；死，葬之以礼，祭之以礼。"

——《论语·为政》

【注释】①孟懿子：鲁国孟孙氏第九代宗主，本姓仲孙，也称孟孙，名何忌，谥号懿，孟子的六世祖。

【译文】孟懿子问什么是孝，孔子回答道："不违背礼节。"樊迟驾车的时候，孔子告诉他："孟懿子问我什么是孝，我回答说不违背礼节。"樊迟问道："这是什么意思呢？"孔子回答道："父母在世的时候，以礼事奉他们；过世的时候，以礼安葬他们，以礼祭祀他们。"

4. 孟武伯问孝①。子曰："父母，唯其疾之忧②。"

——《论语·为政》

【注释】①孟武伯：鲁国大夫，姓仲孙，名彘，谥号武，孟懿子之子，孟子五世祖。②唯其疾之忧：子女要特别为父母的疾病而担忧。

【译文】孟武伯问什么是孝，孔子回答道："子女要特别为父母的疾病而担忧。"

5. 子游问孝。子曰："今之孝者，是谓能养，至于犬马，皆能有养，不敬，何以别乎？"

——《论语·为政》

【译文】子游问什么是孝，孔子回答道："今天讲孝的人，只说能供养父母，至于狗和马都能得到饲养，不恭敬有礼，有什么区别呢？"

6. 子夏问孝，子曰："色难①。有事，弟子服其劳；有酒食，先生馔②，曾是以为孝乎？"

【注释】①色难：要做到和颜悦色是最难的。色，脸色。②先生馔：让长辈吃。先生，长辈，父母；馔（zhuàn），食用。

【译文】子夏问什么是孝，孔子回答道："要做到和颜悦色是最难的。只在父母有事的时候去帮忙，只在有酒饭的时候让父母先尝，这就算是孝了吗？"

7. 子曰："父母在，不远游，游必有方。"

——《论语·里仁》

【译文】孔子说："父母在世，不出远门，如果要出远门，则必须让父母知道去向。"

8. 子曰："父母之年，不可不知也。一则以喜，一则以惧。"

——《论语·里仁》

【译文】孔子说："父母的年龄，不能不知道。一方面为父母的长寿感到高兴，一方面为父母的衰老感到担忧。"

（二）孟子

1. 孟子曰："世俗所谓不孝者五：惰其四肢①，不顾父母之养，一不孝也；博弈好饮酒，不顾父母之养，二不孝也；好货财，私妻子②，不顾父母之养，三不孝也；从耳目之欲，以为父母戮③，四不孝也；好勇斗狠，以危父母④，五不孝也。"

——《孟子·离娄下》

【注释】①惰其四肢：四肢懒惰。②私妻子：偏爱老婆孩子。私，偏爱。③戮：羞辱。④以危父母：危及父母。

【译文】孟子说："通常所说的不孝有五种情况：四肢懒惰，不管父母的赡养，不孝之一；沉迷赌博，酷嗜饮酒，不管父母的赡养，不孝之二；吝啬贪财，偏爱老婆孩子，不管父母的赡养，不孝之三；为满足自己的欲望，而给父母带来羞辱，不孝之四；好勇斗狠，危害到父母的安全，不孝之五。"

2. 孟子曰："人之所不学而能者，其良能也，所不虑而知者，其良知也。孩提之童，无不知爱其亲者，及其长也，无不知敬其兄也。亲亲，仁也，敬长，义也。无他，达之天下也①。"

——《孟子·尽心上》

【注释】①达之天下也：这是天下人普遍都具有的本性。

【译文】孟子说："人不经学习就具备的能力，称之为良能；不经思考就具备的知识，称之为良知。年幼的孩子，没有不知道要爱他父母的；等他长大后，没有不知道要尊敬兄长的。爱父母就是仁，尊敬兄长就是义。这没有别的原因，因为亲亲敬长是天下人都具有的本性。"

（三）戴德

戴德：汉宣帝时博士，曾选辑古代各种有关礼仪的论述编成《大戴礼记》八十五篇。是《小戴礼记》作者戴圣的叔叔，故戴德被称为大戴，戴圣被称为小戴。

曾子曰："孝有三：大孝尊亲，其次不辱，其下能养。"

——《大戴礼记·曾子大孝》

【译文】曾子说："孝有三个层次：大孝是使父母获得别人的尊敬，其次是不做丢脸的事给父母带来耻辱，再次是能够赡养父母。"

（四）颜之推

颜之推：属今山东省临沂市人，生活在南北朝至隋朝年间。12岁时听讲老庄之学，因"虚谈非其所好，还习《礼》《传》"。任职梁朝，梁亡后，被俘至北朝，任职北齐和北周，隋代周后，又仕于隋。三为亡国之人，饱尝离乱之苦。所著《颜氏家训》，是他对自己一生有关立身、处世、为学经验的总结，也是历史上第一部用儒家思想教育子孙的系统"家训"。

夫风化者，自上而行于下者也，自先而施于后者也。是以父不慈则子不孝，兄不友则弟不恭，夫不义则妇不顺矣。父慈而子逆，兄友而弟傲，夫义而妇陵，则天之凶民，乃刑戮之所摄①，非训导之所移也②。

——《颜氏家训》卷一

现代儒家读本●

【注释】①摄：治理。②移：改变。

【译文】大凡风俗、教化，都是从上面开始而流行到下面的，从前辈开始而延续到晚辈的。所以父亲不慈爱，儿子就不会孝顺；兄长不友爱，弟弟就不会恭敬；丈夫不讲情义，妻子就不会顺从。父亲慈爱而儿子叛逆，兄长友爱而弟弟倨傲，丈夫重义而妻子霸凌，这些都是天下凶顽之人，属于刑法治理的范围，不是教育训导所能改变得了的。

第七章

责任篇

一、导 读

西方的知识分子勇于追求真理，中国的知识分子则勇于承担责任。

这种责任感看似无形，却融入知识分子的血脉，成为知识分子立身处世的一条重要准则。

知识分子的责任是多层次的。首先是对自己的责任。古人有所谓"立德、立言、立功"之说，指的就是如何在有限的一生中，最大限度地实现个人的人生价值。从东西方文艺观上，亦可看出东西方人生观的不同，古代西方文艺，像古典文学、古典美术、古典音乐，主题大都是围绕上帝、教会而创作的，上帝是文艺创作的源泉；现代西方文艺理论，像弗洛伊德则认为人的欲望是文艺创作的源泉和动力。但中国传统的文艺观则完全不一样，中国人的创作源泉，主要来自于人的内心，来自于自身生命中的一种内在力量，正如孔子所说："君子耻没世而名之不称。"

其次是对家庭的责任。家庭是社会的基本组成单位，家庭和睦了，社会才能和睦；家庭稳定了，社会才能稳定；家庭发展了，社会才能发展。所以儒家在讲修身的顺序时，是"正心诚意，修身齐家，治国平天下"。齐家是连接个人与国家的一个非常重要的环节。一个人既然生为人子，首先要对父母负责，父母老了，失去了劳动的能力，则要尽赡养的义务，父母病了，则要尽照顾的义务。一个人既然结了婚，则要对家庭负责。一个人有了孩子，就要对孩子的成长负责，就要让他学有所成，能在社会上自立自强。

一个对家庭有责任感的人，他肯定是个积极向上的人，努力工作的人，能为家庭带来财富和幸福的人。他肯定不会去违法犯罪，不会去贪污腐败。很多贪官出事之后，最悔恨的事，便是对不住父母，对不住家人。如果当初他们真正将父母、将家人放在心上，就必定会有所收敛，有所克制，而不致利欲熏心，不顾一切，铤而走险。

再次是对天下国家的责任。中国知识分子身上总有那么一种神圣的责任感，感到自己对国家、对天下有一份义不容辞的责任，即使身无分文，却仍心忧天下；每逢国难当头，他们首先想到的不是苟且偷生，远离战场，而是勇赴国难，视死如归。是谁把这份责任加到知识分子身上的呢？如果一定要找出这么一个源头，这个源头就是儒家思想！孔子讲过一句话，叫"己欲立而立人，己欲达而达人"，意思是自己成功了，也要帮别人成功，自己发达了，也要帮别人发达。而与此形成鲜明对照的是，美国作家戈尔·维达尔在从政时却信奉"我自己成功还不够，还要让其他人失败"的外交政策。近代欧洲的殖民政策是以邻为壑，竭泽而渔，欧洲的发展并没有带来亚洲和非洲的同步发展。当时很多殖民地、半殖民地像印度和中国，甚至还出现了不同程度的倒退，美洲的印第安人、大洋洲的土著人则几乎被赶尽杀绝。而现在中国推行的"一带一路"，提倡的则是合作共赢，共同发展。

法国皇帝路易十五说过一句极不负责任的名言："我死后，哪管他洪水滔天。"这种话无论如何不会出自中国知识分子的口中，他们更喜欢诸葛亮的"鞠躬尽瘁，死而后已"，更喜欢范仲淹的"先天下之忧而忧，后天下之乐而乐"。

知识分子所赋予自身的这种责任，有人说是忠于某一个皇帝，忠于某一个家族，并不值得称道和提倡。此说看似有理，实则大谬不然。如果是在同一文化背景下的改朝换代，知识分子大都采取一种理性的、默认的态度，并不会进行激烈的反抗和斗争。可是当蒙古和日本的军队横行中国时，遭遇的抵抗最为激烈，即使到了最后关头，虽明知大势已去，无力回天，仍然有一批又一批的义士前赴后继，视死如归。可见他们忠于的并非某一个家族，某一个皇帝，而是整个天下国家。

二、经典选读

（一）孔子

1. 曾子曰："可以托六尺之孤，可以寄百里之命，临大节而不可夺也，君子人与？君子人也。"

——《论语·泰伯》

【译文】曾子说："可以把幼小的孤儿托付给他，可以把国家的政权托付给他，面临生死存亡的紧要关头而不屈服、不动摇。这样的人是君子吗？是君子啊。"

2. 曾子曰："士不可以不弘毅，任重而道远。仁以为己任，不亦重乎？死而后已，不亦远乎？"

——《论语·泰伯》

【译文】曾子说："读书人不可以不弘大刚毅，因为责任重大，路途遥远。把实施仁义作为自己的责任，难道还不重大吗？奋斗终生，死而后已，难道路程还不遥远吗？"

3. 宪①问耻。子曰："邦有道，谷②。邦无道，谷，耻也。""克伐怨欲③，不行焉，可以为仁矣？"子曰："可以，为难矣④。仁，则吾不知也。"

——《论语·宪问》

【注释】①宪：孔子学生，名原宪，字子思，一生安贫乐道。②谷：俸禄。③克：好胜；伐：自夸；怨，怨恨；欲：贪欲。④为难矣：很难做到。

079

【译文】原宪问什么是耻辱。孔子说："国家政治清明时，便可以担任官职，享用俸禄。国家政治黑暗时，担任官职，享用俸禄，则是一件可耻的事情。"原宪继续问道："好胜、自夸、怨恨、贪欲，这几种毛病都没有的人，是不是仁呢？"孔子说："能做到这样，可以说很难得了。但是不是仁，我就不知道了。"

4. 子曰："士而怀居①，不足以为士矣。"

——《论语·宪问》

【注释】①怀居：留恋安逸生活。

【译文】孔子说："知识分子而留恋安逸的生活，就不配做知识分子。"

5. 子曰："邦有道，危①言危行；邦无道，危行言孙②。"

——《论语·宪问》

【注释】①危：正直。②孙：同"逊"。

【译文】孔子说："国家政治清明，就讲真话，按直道行事；国家政治黑暗，可按直道行事，但讲话要小心。"

6. 子路宿于石门①，晨门②曰："奚自③？"子路曰："自孔氏。"曰："是知其不可而为之者与？"

——《论语·宪问》

【注释】①石门：地名，鲁国都城的外门。②晨门：早晨看守城门的人。③奚自：从哪里来。

【译文】子路在鲁国都城的外门住了一晚，早晨看守城门的人问道："你从哪里来？"子路回答说："从孔子那里来。"守门人问道："就是那个明知做不到而还要去做的人吗？"

7. 子路问君子。子曰："修己以敬。"曰："如斯而已乎？"曰："修己以安人①。"曰："如斯而已乎？"曰："修己以安百姓。修己以安百姓，尧舜其犹病诸？"

【注释】①修己以安人：提高自己的修养，完善自身，让周围的人感到安心。

【译文】子路问怎样才算是君子。孔子答道："完善自身，心怀恭敬。"子路问道："这样就可以了？"孔子答道："完善自身，让周围的人感到安心。"子路继续问道："这样就可以了？"孔子答道："完善自身，让百姓安居乐业。完善自身，让百姓安居乐业，恐怕尧舜都难以做到吧？"

8. 子曰："当仁不让于师。"

——《论语·卫灵公》

【译文】孔子说："需要担当实行仁道的时候，即使面对老师也不必谦让。"

9. 子曰："志士仁人，无求生以害仁，有杀身以成仁。"

——《论语·卫灵公》

【译文】孔子说："志士仁人，没有因贪生怕死而危害仁道的，只有牺牲自己以成全仁道的。"

10. 子曰："君子谋道不谋食。耕也，馁①在其中矣；学也，禄②在其中矣。君子忧道不忧贫。"

——《论语·卫灵公》

【注释】①馁：饥饿。②禄：俸禄。

【译文】孔子说："君子只用心求道，而不考虑衣食的问题。即使去耕种土地，也可能会饿肚子；用心学习，则可能获得俸禄。君子只担心道之不行，而不担心贫之将至。"

11. 子曰："君子疾没世而名不称焉。"

——《论语·卫灵公》

【译文】孔子说:"到死的时候,名声仍不被人称道,君子引以为恨。"

12. 天行健,君子以自强不息。地势坤^①,君子以厚德载物。

—— 《周易》

【注释】①坤:卦名,含义为顺承。

【译文】天的运行刚健有力,周而复始,君子应该像天一样自强不息;大地的气势厚实和顺,君子应该像大地一样以厚德承载万物。

(二)左丘明

左丘明:鲁国人,春秋末期史学家、文学家。著有《左氏春秋》和《国语》两书,记录西周、春秋间的重要史事,是中国传统史学的创始人,被誉为"文宗史圣",得到孔子和司马迁的高度赞扬。其思想主要是儒家思想,史书中较多地反映了百姓的利益和要求。

太上有立德,其次有立功,其次有立言,虽久不废,此之谓不朽。

—— 《左传·襄公二十四年》

【译文】最上等的事业是树立德行,其次是建功立业,再次是著书立说,无论过多久它们都将广为流传,这就叫作不朽。

(三)孟子

1. 孟子去齐,充虞^①路问曰:"夫子若有不豫色然。前日虞闻诸夫子曰:君子不怨天,不尤人。"曰:"彼一时,此一时也。五百年必有王者兴,其间必有名世者。由周而来,七百有余岁矣,以其数则过矣,以其时考之则可矣。夫天未欲平治天下也,如欲平治天下,当今之世，舍我其谁也。吾何为不豫哉！"

——《孟子·公孙丑下》

【注释】①充虞：孟子弟子。

【译文】孟子将离开齐国，弟子充虞在路上问道："老师好像有些不高兴。前日我听老师说：君子不怨天，不尤人。"孟子答道："彼一时，此一时。五百年必定会有王者出现，中间还必定会有扬名当世者。自周以来，已有七百多年了，按年数算已经超过了五百年，从现在的时势来看则可以出现王者了。这是老天不想让天下太平吧，如果要想让天下太平，当今之世，除了我还有谁能承担这个大任呢？我为什么要不高兴？"

2. 淳于髡①曰："男女授受不亲，礼与？"孟子曰："礼也。"曰："嫂溺②，则援③之以手乎？"曰："嫂溺不援，是豺狼也。男女授受不亲，礼也；嫂溺，援之以手者，权④也。"曰："今天下溺矣，夫子之不援，何也？"曰："天下溺，援之以道；嫂溺，援之以手。子欲手援天下乎？"

——《孟子·离娄上》

【注释】①淳于髡（kūn）：齐国著名辩士，史称其出身卑微，身材矮小，但滑稽善辩。②溺：落水。③援：救援。④权：权衡，引申为变通。

【译文】淳于髡问道："男女之间不亲手递接东西，是不是礼法的规定？"孟子答道："是礼法的规定。"淳于髡继续问道："嫂子掉到水里，则伸手去援救吗？"孟子答道："嫂子掉到水里，不伸手去援救，这跟豺狼一样。男女不亲手接递东西，是礼法的规定；嫂子掉到水里，伸之以援手，这是变通的行为。"淳于髡又问道："现在天下处于水深火热之中，您老不出手相救，这是为什么呢？"孟子答道："天下水深火热，只能用道来相救；嫂子掉到水里，只能用手来相救。难道你要用手去救天下吗？"

3. 孟子曰："舜发于畎亩①之中，傅说举于版筑②之间，胶鬲③

举于鱼盐之中，管夷吾举于士，孙叔敖④举于海，百里奚⑤举于市。故天将降大任于是人也，必先苦其心志，劳其筋骨，饿其体肤，空乏其身，行拂乱⑥其所为，所以动心忍性，增益其所不能。人恒过，然后能改。困于心，衡于虑⑦，而后作。征于色⑧，发于声，而后喻⑨。入则无法家拂士⑩，出则无敌国外患者，国恒亡。然后知生于忧患，而死于安乐也。"

——《孟子·告子下》

【注释】①畎（quǎn）亩：田间。②版筑：筑墙。③胶鬲：曾隐遁经商，贩卖鱼盐，为周文王发现，推荐给商纣王，官居少师。武王起兵时，胶鬲作为内应，使不少商朝士兵倒戈相向。④孙叔敖：楚国名相，早年因避难，隐居民间，因善修水利，为楚庄王所赏识，拜为令尹。⑤百里奚：早年为虞国大夫，晋灭虞后，被当作奴隶送给秦国，后逃到楚国养牛，秦穆公闻其贤，用五张羊皮将他换了回来，拜为上大夫，世称"五羖大夫"。⑥拂乱：使……颠倒错乱。⑦衡于虑：思虑堵塞。衡，同"横"，梗塞。⑧征于色：表现在脸色上。征：表征。⑨喻：知晓，明白。⑩拂（bì）士：足以辅佐君主的贤士。拂，同"弼"，辅佐。

【译文】孟子说："舜帝发迹于田野之中，傅说在筑墙的工地上得到选拔，胶鬲在鱼盐市场被发现，管夷吾得到重用时还在狱官手里，孙叔敖隐居海滨被推荐到朝廷，百里奚是秦穆公用羊皮换来的奴隶。所以天将要这个人担当大任，必定会先折磨他的心志，劳累他的筋骨，饥饿他的身体，使其一无所有，做事时让他颠倒错乱。通过这些使他内心受到震动，意志变得坚强，增强他所不具备的才能。人总要犯过错误，才能知道改正。只有感到心中困惑，思虑阻塞，才会去有所行动。只有在脸色上有所表现，在言语上有所表达，才能让人明白理解。如果国内没有熟知法度的辅佐大臣，国外没有敌对国家的侵扰，这样的国家经常会灭亡。这就说明忧患可以让人生存，安乐会促使人死亡。"

4. 孟子谓宋勾践①曰："子好游②乎，吾语子游。人知之，亦嚣嚣③，人不知，亦嚣嚣。"曰："何如斯可以嚣嚣矣？"曰："尊德乐义，

现代儒家读本 ●

则可以嚣嚣矣。故士穷不失义，达不离道。穷不失义，故士得己焉。达不离道，故民不失望焉。古之人，得志，泽加于民，不得志，修身见于世。穷则独善其身，达则兼善天下。"

——《孟子·尽心上》

【注释】①宋勾践：人名，姓宋，名勾践。②游：游说。③嚣嚣：安详自得的样子。

【译文】孟子对宋勾践说："你不是喜欢四处游说吗？我跟你讲应该怎么游说。别人理解你，也安详自得；别人不理解你，也安详自得。"宋勾践问道："怎样做才能安详自得呢？"孟子答道："以德为尊，以义为乐，就可以安详自得。所以读书人在穷困中不失义，在富贵中不失道。在穷困中不失义，算是找到了自己的立身之所；在富贵中不失道，那么就不会让老百姓失望。古时候，一个人得志了，就将恩泽施予百姓，没有得志，则通过完善自身修养来为世人了解。穷困时独善其身，发达时让天下人都受益。"

5. 孟子曰："待文王而后兴①者，凡民也。若夫豪杰之士，虽无文王犹兴。"

——《孟子·尽心上》

【注释】①兴：奋发。

【译文】孟子说："必须等待周文王出现才能奋发的，只是一般的普通人。若是豪杰之士，虽然没有文王出现，仍能奋发有为。"

6. 孟子曰："人之有德、慧、术、知者，恒存乎疢疾①。独孤臣孽子②，其操心也危③，其虑患也深，故达④。"

——《孟子·尽心上》

【注释】①疢（chèn）疾：疾病，忧患。②孤臣孽子：孤立无助的远臣和贱妾所生的庶子，此处指不为当政者重用但心怀忠诚的人。③危：危惧，担忧。④达：通达事理。

【译文】孟子说："人类的品德、智慧、技术和知识，经常存在于有忧患意识的人身上。那些被疏远的大臣和贱妾所生的儿子，他们心怀忧惧，思虑深远，所以通达事理。"

（四）戴圣

临财毋苟①得，临难毋苟免②。

——《礼记·曲礼》

【注释】①苟：随便，暂且。②免：逃避。

【译文】面对金钱不要随便收取，面对危难不要随便逃避。

（五）张载

张载：字子厚，属今陕西眉县横渠镇人，北宋思想家、教育家、理学创始人之一，世称横渠先生。早年曾遍读佛学、道家之书，悟出儒、佛、道三家可以互补，并逐渐建立起自己的学说体系。后讲学关中，故其学派称为"关学"。终身清贫，殁后贫无以殓。张载与周敦颐、邵雍、程颐、程颢合称"北宋五子"，有《正蒙》《横渠易说》等著述留世。

为天地立心，为生民立命，为往圣继绝学，为万世开太平。

——《张子语录》

【译文】为天地寻找它运行的规律，为老百姓的生存勇于担当，为古代圣贤继承他们一度被中断的学问，为人类开拓世世代代的和平。

（七）顾宪成

顾宪成：字叔时，号泾阳，江苏无锡人，明代思想家，东林党领袖。万历二十二年以廷推阁臣忤旨，削籍归里，与弟顾允成倡修东林书院，和高攀龙等

现代儒家读本

一起讲学其中，往往讽议朝政，裁量人物，全国各地遭排挤的人物和不满朝政的士大夫闻风相附，致东林名声大著。顾宪成主程朱之学，偏重经世致用，著有《顾端文公遗书》等。

官辇毂①，志不在君父；官封疆，志不在民生；居水边林下，志不在世道，君子无取焉。

【注释】①辇（niǎn）毂（gǔ）：皇帝的车舆，代指京城。

【译文】在京城做官，心思没放在皇帝身上；在外省做官，心思没放在百姓身上；隐居山林，心思没放在世道人情上，君子是不会这样做的。

（八）顾炎武

顾炎武：号亭林，江苏昆山人，明末清初著名思想家、史学家。早年参加抗清斗争，接连受挫。后因陷杀仆案，好友代以门生礼，向钱谦益求情，炎武却自写告白，声言从未列于钱氏门墙。出狱后离家北游，致力于学术研究，著有《日知录》《肇域志》《音学五书》《天下郡国利病书》等。提出"天下兴亡，匹夫有责"，成为激励国人奋进的一种精神力量。

087

有亡国，有亡天下。亡国与亡天下奚辨？曰："易姓改号，谓之亡国；仁义充塞，而至于率兽食人，人将相食，谓之亡天下。是故知保天下，然后知保其国。保国者，其君其臣肉食者谋之；保天下者，匹夫之贱与有责焉耳矣。"

——《日知录》卷十三

【译文】有的是亡国，有的是亡天下。亡国与亡天下有什么区别呢？我说："换了一个姓氏，改了一个国号，这是亡国；仁义难行，而至于率兽食人，甚至人与人相互为食，这是亡天下。所以要知道是先保卫天下，然后才是保卫国家。保卫一个国家，是这个国家的君臣谋划的事情；而保卫天下，是任何一个普通人都有责任的事情。"

第八章

民本篇

一、导 读

民主政治的核心是尊重民意，儒家思想的核心是实行"仁政"。

仁政的内核，就是统治者必须以民为本，其所作所为必须体现对百姓的关爱，并让百姓过上一种富足的生活，所谓"民为邦本，本固邦宁"。民主政治和"仁政"思想虽然在表述上存在差别，但出发点完全是一致的。

政治权力源自何处，儒家的解释与近代启蒙思想家如出一辙。虽然古代中国普遍认为权力源于天授，而天并不是一个确切的实体，天的意志体现在哪里呢？在儒家经典中，天意乃是民意的体现，即所谓："天视自我民视，天听自我民听""民之所欲，天必从之"，一切政治的出发点，必须"应乎天，顺乎人"。

作为儒家思想的重要继承人，孟子对民主理念的阐述更加清晰明白："民为重，社稷次之，君为轻"，"君有大过则谏，反复之而不听，则易位。"政权的得失主要取决于民心的向背，孟子提出了"得民心者得天下"的主张："桀、纣之失天下也，失其民也，失其民者，失其心也。得天下有道：得其民，斯得天下矣。得其民有道：得其心，斯得民矣。"

清初黄宗羲提出"天下之治乱，不在一姓之兴亡"，王夫之提出"一姓之兴亡，私也，而生民之生死，公也"的主张，实与孟子重民轻君思想一脉相承。

民本主义本是儒家思想的核心，但自汉朝开始，一些儒家士人出于一己之私，为迎合帝王的意图，逐渐将民本主义弃之一旁，而发展出一套君本学说。东汉班固更是在《白虎通义》中提出所谓的"三纲五常"。在孔孟思想中，君臣关系原是一种对等的关系，"君使臣以礼，臣事君以忠"，"君之视臣如草芥，则臣视君如寇仇。"可是自汉以后，君臣关系变成一种地位悬殊的主仆关系，皇帝掌握了绝对的主导权，生杀予夺，概由皇帝说了算。但即使如此，皇权仍然受到诸多限制，难以为所欲为。中国的皇帝虽然拥有世俗的最高权力，却从来没有成为神的代言人，除了洪秀全这样的人之外，没有哪个皇帝真的相信自己是天神附体，可以像神一样为所欲为。除了少数动乱时期武人掌权之外，皇帝们大都受过良好的儒家教育，其骨子里还是希望做一个留名青史的好皇帝。而在制度设计上，宰相制、三省六部制，都对皇帝的绝对权力有所限制。所以，在中国古代历史上，昏君、庸君、不管事的皇帝，时则有之，而能称得上专制暴君的，则寥寥无几。

今天，我们普遍认为中国民主理念的传播，受益于欧洲的启蒙思想，却不知在启蒙时代，欧洲很多启蒙思想家从孔子思想中吸收了理性与民本意识，并以此来反对教会神学统治和封建专制政权。

伏尔泰是18世纪法国资产阶级启蒙运动的旗手，被誉为"法兰西思想之王"，与天主教会进行了毫不妥协的斗争，他一生最崇拜的人便是孔子，以至二十年如一日始终在室内挂着一幅孔子画像，朝夕礼拜。百科全书派在法国风靡一时，其思想的源头却在中国。百科全书派的主要代表，无不对中国哲学和道德政治倍加称誉。狄德罗曾这样评价中国："中国民族，其历史的悠久，文化、艺术、智慧、政治、哲学的趣味，无不在所有民族之上。"霍尔巴哈则主张以儒家理性道德观念代替基督教神性道德观念，"欧洲政府非学中国不可，中国是世界上唯一将政治和道德结合的国家，是一个德治或以道德为基础的政府，这个帝国的悠久历史使一切统治者都明白了，要使国家繁荣，必须仰赖道德。"另一个哲学家波维尔在《哲学家游记》一书中如此赞美中国："若是中国的法律变为各民族的法律，地球上就成为光辉灿烂的世界。"重农学派被马克思称为政治经济学的鼻祖，其创始人魁奈，自称孔子的学生，未来的事业就是要把孔子的道德教训普行于世界，从而被称为"欧洲的孔子"。

美国汉学家顾立雅在《孔子与中国之道》一书中写道："在欧洲，在以法国大革命为背景的民主理想的发展中，孔子哲学起了相当重要的作用。通过法国思想，它又间接地影响了美国民主的发展。"

孙中山是中国倡导民主的第一人，也是把现代西方民主带到中国来的第一人。当有日本记者问到他的民主思想来自哪里时，他说："我辈之三民主义首渊源于孟子,更基于程伊川之说。孟子实为我等民主主义之鼻祖。"1921年12月,共产国际代表马林曾经问孙中山先生:"你的革命思想,基础是什么?"孙中山回答:"中国有一个道统,尧、舜、禹、汤、文、武、周公、孔子相继不绝。我的思想基础,就是这个道统,我的革命,就是继承这个正统思想,来发扬光大。"又说"两千多年前的孔子、孟子便主张民权"。

从20世纪许多国家的政治实践来看,儒家思想远比西方的一些极权主义思想,更接近于民主,也更容易接受民主。

二、经典选读

(一)孔子

1. 子曰:"道千乘之国①,敬事而信②,节用而爱人,使民以时。"

——《论语·学而》

【注释】①道千乘之国:领导一个千乘之国。千乘之国:拥有一千辆兵车的国家,在当时属于中等诸侯国。②敬事而信:谨慎行事,谨守信用。

【译文】孔子说:"领导一个千乘之国,谨慎行事,坚守信用,节约开支,爱护臣僚,役使百姓不耽误农时。"

2. 定公①问:"君使臣,臣事君,如之何?"孔子对曰:"君使臣以礼,臣事君以忠②。"

——《论语·八佾》

【注释】①定公:鲁定公,姓姬,名宋,是鲁国第二十五任君主,在位15年,曾任孔子为大司寇。②君使臣以礼,臣事君以忠:君主使唤臣民要以礼相待,臣民侍奉君主要尽职尽责。"以礼"是"尽忠"的前提和条件,君不"以礼",则臣便可"不忠"。

【译文】鲁定公问道："君主使唤臣民，臣民侍奉君主，怎样做才算对？"孔子回答说："君主使唤臣民要以礼相待，臣民侍奉君主要尽职尽责。"

3. 天视自我民视，天听自我民听。

——《尚书·泰誓》

【译文】上天看到的就是老百姓所看到的，上天听到的就是老百姓所听到的。意谓天意即是民意的体现。

4. 天矜①民，民之所欲，天必从之。

——《尚书·泰誓》

【注释】①矜（jīn）：怜惜。

【译文】老天怜惜老百姓，老百姓所希望的，老天必定会顺从。

5. 民可近，不可下①。民惟邦本，本固邦宁。

——《尚书·五子之歌》

【注释】①民可近，不可下：老百姓可以亲近，但不能轻视。下，轻视。

【译文】老百姓可以亲近，但不能轻视。老百姓是一个国家的根本，根本稳固了，国家才能安宁。

（二）姜尚

姜尚：字子牙，也称吕尚、"太公望"。商末周初军事家，诸侯齐国的建立者。先在商做官，见纣王无道，乃辞官游说诸侯，年届七十，闻西伯贤而去西周，钓于渭水。文王出猎与之相遇，乃拜为太师。后辅佐周文王、周武王灭商建立周朝，因功封于齐地营丘，建立齐国，通工商之业，便渔盐之利，使齐国逐步由弱小之国发展成富强之邦。著有《六韬》一书。

天下者，非一人之天下，乃天下之天下也。

——《六韬》

【译文】天下，不是哪一个人的天下，而是天下人的天下。

（三）左丘明

国之兴也，视民如伤①，是其福也；其亡也，以民为土芥②，是其祸也。

——《左传·哀公元年》

【注释】①视民如伤：把百姓当作有伤病的人一样照顾。意谓重视民众疾苦。②土芥：泥土草芥，微贱的东西，意谓无足轻重。

【译文】国家将要兴旺，把老百姓当作伤病号一样照顾，这是国家的福分。国家将要覆亡，把老百姓当作土芥一样对待，这是国家的祸根。

（四）孟子

1. 梁惠王曰："寡人愿安承教。"孟子对曰："杀人以梃①与刃，有以异②乎？"曰："无以异也。""以刃与政，有以异乎？"曰："无以异也。"曰："庖有肥肉，厩有肥马，民有饥色，野有饿莩③。此率兽而食人也！兽相食，且人恶之；为民父母，行政，不免于率兽而食人，恶在其为民父母也？仲尼曰：'始作俑者，其无后乎④！'为其象人而用之也。如之何其使斯民饥而死也？"

——《孟子·梁惠王上》

【注释】①梃：棍棒。②异：差别。③饿莩（piǎo）：饿死的人。④始作俑者，其无后乎：最早用俑来殉葬的人，大概不会有后代吧。俑：用木或陶制作的用来殉葬的俑人。

【译文】梁惠王说："我愿意认真听取您的教诲。"孟子回答说："用棍棒杀人，

093

与用刀杀人，有区别吗？"梁惠王说："没有差别。"孟子说："用刀杀人，与恶政杀人，有区别吗？"梁惠王说："没有区别。"孟子说："厨房中有肥肉，马厩中有肥马，老百姓面有饥色，郊野有饿死的人，这是带着野兽来吃人。野兽互相吞食，尚且让人十分厌恶；为民父母，治理国家，不免于带着野兽来吃人，这算是为民父母吗？孔子说：'最早用俑来殉葬的人，大概不会有后代吧。'因为俑像人形而用来殉葬是不仁的。又有什么理由要让老百姓因饥饿而死？"

2. 齐宣王问曰："文王之囿①，方七十里，有诸？"孟子对曰："于传有之。"曰："若是其大乎？"曰："民犹以为小也。"曰："寡人之囿，方四十里，民犹以为大，何也？"曰："文王之囿，方七十里，刍荛者②往焉，雉兔者③往焉。与民同之，民以为小，不亦宜乎？臣始至于境，问国之大禁，然后敢入。臣闻郊关之内，有囿方四十里，杀其麋鹿者，如杀人之罪。则是方四十里，为阱④于国中，民以为大，不亦宜乎？"

——《孟子·梁惠王下》

【注释】①囿（yòu）：皇家狩猎场。②刍荛者：割草砍柴的人。③雉兔者：捕鸟猎兽的人。④阱（jǐng）：陷阱。

【译文】齐宣王问道："周文王的狩猎场，方圆七十里，有这样的事吗？"孟子回答说："据史传有这样的事。"齐宣王问道："这是不是大了些？"孟子说："老百姓还认为太小了呢。"齐宣王说："我的狩猎场，只有方圆四十里，老百姓尚且认为大了，这是为什么？"孟子回答说："周文王的狩猎场，虽然方圆七十里，但普通人可以前往割草砍柴，捕鸟猎兽，与老百姓共同享有，老百姓认小了，不是合情合理吗？我刚到达齐国时，问清楚国内的重要禁令，才敢进来。我听说都城的郊区之内，有四十里见方的狩猎场，杀死一头麋鹿，与杀人同罪。这等于在国内设置了一个四十里见方的大陷阱。老百姓认为它太大了，不是很合乎情理吗？"

3. 齐宣王见孟子于雪宫①。王曰："贤者亦有此乐乎？"孟子对曰："有。人不得，则非其上矣。不得而非其上者，非也；为民上而不与民同乐者，亦非也。乐民之乐者，民亦乐其乐；忧民之忧者，民亦忧其忧。乐以天下，忧以天下，然而不王者，未之有也。"

——《孟子·梁惠王下》

【注释】①雪宫：齐宣王离宫。

【译文】齐宣王在别墅接见孟子。齐宣王问道："贤人也有这样的乐事吗？"孟子回答说："有。人们要是享受不到这样的乐事，就会指责他们的国君。享受不到这种乐事就指责国君，是不对的；可是作为国君而不与民同乐，同样是不对的。以老百姓的快乐为快乐的，老百姓也会以他的快乐为快乐；以老百姓的忧愁为忧愁的，老百姓也会以他的忧愁为忧愁。以天下人的快乐为快乐，以天下人的忧愁为忧愁，这样还不能使天下归服，是从来没有过的。"

4. 邹与鲁哄①。穆公问曰②："吾有司死者三十三人，而民莫之死也。诛之，则不可胜诛；不诛，则疾③视其长上之死而不救，如之何则可也？"

孟子对曰："凶年饥岁，君之民老弱转乎沟壑，壮者散而之④四方者，几千人矣；而君之仓廪实，府库充，有司莫以告，是上慢⑤而残下也。曾子曰：'戒之戒之！出乎尔者，反乎尔者也⑥。'夫民今而后得反之也。君无尤⑦焉！君行仁政，斯民亲其上，死其长矣。"

——《孟子·梁惠王下》

【注释】①邹与鲁哄：邹国与鲁国发生战争。邹，春秋时邾国，战国时改国号为邹，今山东省邹县境内；哄（hòng），哄斗，交战。②穆公：邹国国君。③疾：痛恨。④之：逃往。⑤慢：怠慢，忽视。⑥出乎尔者，反乎尔者也：你怎么对待别人，别人也会怎样对待你。⑦尤：怪罪，指责。

【译文】邹国与鲁国发生战争。邹穆公问道："我手下的官员战死了三十三个人，而老百姓一个都没死。如果杀掉他们，则杀不胜杀；不杀他们，则痛恨他们眼看着上司战死而不肯出手相救，应该怎么办才好？"

孟子回答说："灾荒之年，您管辖下的老百姓，老弱饿死在沟渠之中，青壮年流落四方，达几千人之多；而您的仓库盛满了粮食，库房堆满了钱财，官员中没有人向您报告，对上玩忽职守，对下残忍不仁。曾子说过：'慎重啊慎重！你怎么对待别人，别人也会怎样对待你。'老百姓今后会采用同样的办法来对待官员们。您不要怪罪谁，您推行仁政，老百姓就会爱戴上司，为长官效死的。"

5. 齐宣王问曰："汤放桀，武王伐纣，有诸？"孟子对曰："于传有之。"曰："臣弑其君可乎？"曰："贼仁者谓之贼①，贼义者谓之残②，残贼之人，谓之一夫③。闻诛一夫纣矣，未闻弑君也。"

——《孟子·梁惠王下》

【注释】①贼仁者谓之贼：损害仁德的人称之为贼。②贼义者谓之残：损害道义的人称之为残。③一夫：独夫。

【译文】齐宣王问道："商汤王流放夏桀，周武王讨伐商纣，有这样的事吗？"孟子回答道："史传上有这样的记载。"宣王问道："臣子杀他的君主，可以吗？"孟子回答道："损害仁德的人称之为贼，损害道义的人称之为残；残、贼之人，称之为独夫。我只听说诛杀了独夫纣，没听说臣子杀了君主。"

6. 孟子曰："桀纣之失天下也，失其民也。失其民者，失其心也。得天下有道，得其民，斯得天下矣。得其民有道，得其心，斯得其民矣。得其心有道，所欲与之聚之，所恶勿施尔也。民之归仁也，犹水之就下、兽之走圹①也。"

——《孟子·离娄上》

【注释】①圹：同"旷"，旷野。

【译文】孟子说："夏桀王、商纣王之所以失去天下，是失去了人民的拥护。之所以失去人民的拥护，是失去了民心。获得天下是有办法的，获得人民的拥护，就能获得天下。获得人民的拥护是有办法的，获得民心，就能获得人民的支持。获得民心是有办法的，老百姓希望得到的就给予他们，老百姓厌恶的就不强加给他们。老百姓之归顺仁义，就像水往低处流、野兽奔向旷野一样。"

7. 孟子告齐宣王曰："君之视臣如手足，则臣视君如腹心。君之视臣如犬马，则臣视君如国人。君之视臣如土芥①，则臣视君如寇仇。"

——《孟子·离娄下》

【注释】①土芥：泥土草芥。

【译文】孟子对齐宣王说："君主对待臣民像手足一样，那么臣民就会把君主当作自己的心腹。君主对待臣民像狗和马一样，那么臣民就会把君主当路人一样看待。君主对待臣民像泥土草芥一样，那么臣民就会把君主当敌人看待。"

8. 孟子曰："民为贵，社稷次之，君为轻。是故得乎丘民①而为天子，得乎天子为诸侯，得乎诸侯为大夫。"

——《孟子·尽心下》

【注释】①丘民：众民。

【译文】孟子说："老百姓是最重要的，国家其次，君主并不重要。所以能得到百姓拥护的可以做天子，得到天子垂青的可以做诸侯，得到诸侯垂青的可以做大夫。"

9. 孟子曰："诸侯之宝三：人民、土地、政事。宝珠玉者，殃必及身。"

——《孟子·尽心下》

【译文】孟子说："诸侯之宝有三：人民，土地、政事。以珠玉为宝者，必定会给自己带来祸害。"

（五）荀子

1. 君者，舟也；庶人者，水也。水则载舟，水则覆舟，此之谓也。故君人者，欲安，则莫若平政爱民矣；欲荣，则莫若隆礼敬士矣；欲立功名，则莫若尚贤使能矣。

——《荀子·王制》

【译文】君主是船，老百姓是水；水可以让船前行，也可以让船倾覆，说的就是这个意思。所以君主想要安宁，则不如公平宽厚关爱百姓；想要名誉，则不如礼贤下士；想要建功立业，则不如尚贤用能。

2. 用国者，得百姓之力者富，得百姓之死者强，得百姓之誉者荣。三得者具而天下归之，三得者亡而天下去之；天下归之之谓王，天下去之之谓亡。

——《荀子·王霸》

【译文】治理国家的人，能够让百姓积极生产的，可以致富；能够让百姓拼死支持的，可以图强；能够让百姓交口赞誉的，可以留名青史。三件事都能做到的，可以让天下归顺；三件事都做不到的，将失去天下；能让天下归顺的称之为王，失去天下的称之为亡。

3. 天之生民，非为君也。天之立君，以为民也。故古者，列地建国，非以贵诸侯而已；列官职，差爵禄，非以尊大夫而已。

——《荀子·大略》

【译文】天下生存着这么多的老百姓，并不是为了君主。而上天选立君主，却是为了老百姓。所以古时候，分地建国，并不只是为了让诸侯显贵而已；根据官职大小来确定爵禄的等级，并不只是为了让大夫尊贵而已。

（六）黄宗羲

黄宗羲：字太冲，世称梨洲先生，浙江余姚人，明末清初思想家和史学家。青年时参与复社反宦官权贵的斗争。明亡后，在江南招募义兵，坚持抗清十余年，失败后隐居著述，多次拒绝清朝征召。所著《明夷待访录》抨击君主专制，主张以"天下之法"取代君主的"一家之法"；反对传统的"重农抑商"经济政策，强调"工商皆本"。他的这些思想对近代中国民主革命产生了较大影响。

盖天下之治乱，不在一姓之兴亡，而在万民之忧乐。是故桀、纣之亡，乃所以为治也；秦政、蒙古之兴，乃所以为乱也；晋、宋、齐、梁之兴亡，无与于治乱者也。为臣者轻视斯民之水火，即能辅君而兴，从君而亡，其于臣道固未尝不背也。夫治天下犹曳①大木然，前者唱邪，后者唱许②。君与臣，共曳木之人也；若手不执绋③，足不履地，曳木者唯娱笑于曳木者之前，从曳木者以为良，而曳木之职荒矣。

——《明夷待访录·原臣》

【注释】①曳（yè）：拖，牵引。②前者唱邪，后者唱许：前面领头的人唱"邪"，后面应和的人唱"许"，一呼一应。邪，许，都是劳动时众人一齐所发出的呼声，即号子声。③绋（fú）：绳索。

【译文】天下是盛世还是乱世，并不表现在一家一姓的兴亡，而是表现在百姓的生活是安康还是穷愁。所以夏桀王、商纣王的灭亡，却为盛世的到来提供了机会；秦始皇、蒙古的兴起，却给天下带来了动乱；晋、宋、齐、梁四个朝代的兴替，与治乱没什么关系。作为臣子，如果不将老百姓的死活放在心上，即使能辅助君主发达，或跟随君主败亡，仍然有悖于为臣之道。治理天下就像拖曳大树一样，前后之人相互唱和。君主与臣子，都是共同拖曳树木之人；若手不拉绳子，脚不踏实地，拖曳树木之人只在一旁欢笑取乐，以此为榜样者则受到鼓励，那么治理国家的职责就荒废了。

（七）王夫之

王夫之：字而农，号姜斋，湖南衡阳人。与黄宗羲、顾炎武并称为明末清初三大思想家。曾在衡山组织武装抗清而失败，在南明永历政权任职时，曾连续三次上疏弹劾东阁大学士王化澄等贪赃枉法，结奸误国，几陷大狱。晚年不容于清朝当局，隐居于石船山，学者遂称"船山先生"。一生著述甚丰，代表作有《读通鉴论》《宋论》等。王夫之一生主张经世致用，反对程朱理学。

一姓之兴亡，私也，而生民之生死，公也。

——《读通鉴论》卷十七

【译文】一姓之兴亡，只是一家之私事；而万民的生死，才是天下共同的大事。

（八）孙中山

孙中山：名文，字载之，号逸仙。出生于广东省中山市，中华民国和中国国民党的缔造者，三民主义倡导者，创立《五权宪法》。1905 年，成立中国同盟会。辛亥革命后被推举为中华民国临时大总统。宋教仁被刺后，发动"二次革命"；为反对北洋军政府，领导了"护法运动"；1924 年在国民党一大上，提出联俄、联共、扶助农工三大政策，实现了第一次国共合作；创办了黄埔军校。1925 年 3 月病逝于北京。

1.孔子说，"大道之行也，天下为公"，便是主张民权的大同世界。又"言必称尧舜"，就是因为尧舜不是家天下。尧舜的政治，名义上虽然是用君权，实际上是行民权，所以孔子总是宗仰他们。孟子说："民为贵，社稷次之，君为轻。"又说："天视自我民视，天听自我民听。"又说："闻诛一夫纣矣，未闻弑君也。"他在那个时代，已经知道君主不必一定要的，已经知道君主一定是不能长久的，所以便判定那些为民造福的就称为"圣君"，那些暴虐无道的就称为"独夫"，大家应该去反抗他。由此可见，中国人对于民权的见解，二千多年以前已经早想到了。

——《孙中山全集》第九卷

2. 我辈之三民主义首渊源于孟子，更基于程伊川之说。孟子实为我等民主主义之鼻祖，社会改造本导于程伊川，乃民生主义之先觉。其说民主，尊民生之议论，见之于二程语丝。仅民族主义，我辈于孟子得一暗示，复鉴于近世之世界情势而提倡之也。

——《孙中山全集》第九卷

第九章

从政篇

一、导　读

一个人该如何从政，儒家思想无疑是最好的启蒙老师。

儒家施政的核心是推行仁政。根据儒家的观点，仁爱是出自每个人内心的一种本能，是源自父母子女之间的一种自然的情感，是对于弱者的一种本能的关心和爱护。所谓"恻隐之心，人皆有之"，执政者如能将这种情感推而广之，惠及广大普通百姓，做到"老吾老以及人之老，幼吾幼以及人之幼"，使所有的人都能得到政策的关照，都能享受到经济发展的好处，则基本上接近于仁政了。

实施仁政，首先要求执政者能约束自我，控制欲望，以德服人，不得滥施淫威，滥行权力。在过去很长一段时间，儒家被认为是统治阶级用来维护自身统治、奴役百姓的一个工具，儒家主张仁政的目的乃在于约束普通百姓。这种偏见由于长期被强化，以致很多没有读过儒家经典的人，对此深信不疑。这实在是对儒家思想的一种误解和歪曲。凡是读过《论语》《孟子》的人便知道，孔子、孟子一生所施教的对象并非普通民众，几乎无一不来自执政阶层或是预备执政的知识阶层，而且主张有德者，亦即能进行自我约束的人，才具备从政的资格。

在春秋战国时代，由于礼崩乐坏，约束官员的制度和法律已经形同虚设，以致很多统治者肆无忌惮，虐政暴政层出不穷。孔子提出仁政，实是正本清源，有的放矢，具有非常强烈的现实针对性。仁政理念在中国延续了 2000 多年，在权力缺少制衡的年代，客观上起到了约束执政者为所欲为、滥用权力的作用。

崇尚仁政，则必须以民为本，爱惜生命。实施仁政的目的，乃在于让所有人都能过上一种宽松、富裕、安定的生活。在一个真正以儒家思想为指导的社会，肯定是一个宽和的社会，秩序井然的社会，经济能得到自由发展的社会。

"仁政"一词，已从当代政治理念中逐渐淡出。当初儒家之所以被打倒，只是在一个特定的时期，因经济的一时落后。但现在回过头来看，儒家的仁政理念仍然值得现代人继承和发扬。

儒家"仁政"中最核心的思想，是对于生命的重视和关怀，所谓"天地之大德曰生"，一切政治的出发点，都是为了让人能更好地生存下去。与此形成对照的是，西方政治理论家马基雅维利在《君主论》一书中说："对人们应当加以爱抚，要不然就应当把他们消灭掉；因为人们受到了轻微的侵害，能够进行报复，但是对于沉重的损害，他们就无能为力进行报复了。所以，我们对一个人加以侵害，应当是我们无须害怕他们会报复的一种侵害。"这种思想，在近代欧洲颇有市场，尤其在欧洲殖民史上，对于成千上万的土著，采取的便是残酷消灭的政策，纳粹对犹太人的赶尽杀绝，无疑也是受了这种思想的影响。美国历史学家斯塔夫里诺阿斯的《世界通史》，在写到欧洲人征服美洲时，意味深长地说了这么一段话："设想一下，如果那时最先到达并拓居美洲的是中国人而非欧洲人，那么，这种从根本上重新绘制种族图的意义便可得到估计。假使那样的话，如今中国占世界总人口的比例大概会更接近于四分之三而不是现在的四分之一。"毫无疑问，如果中国人发现了美洲，生活在美洲的那1亿多印第安人的命运将变成中国人，而绝不会是死亡。

二、经典选读

（一）孔子

1. 子曰：为政以德，譬如北辰①，居其所，而众星拱之②。

——《论语·为政》

【注释】①北辰：北极星。②众星拱之：众星环绕。

【译文】孔子说："以道德教化来处理政事，就会像北极星那样，待在他的方位上，周围众星环绕。"

2. 子张学干禄①。子曰："多闻阙疑②，慎言其余，则寡尤③。多见阙殆④，慎行其余，则寡悔。言寡尤，行寡悔，禄在其中矣。"

——《论语·为政》

【注释】①干禄：如何谋求仕禄。②多闻阙疑：多听别人的意见，有疑问的地方先搁置一边。③尤：错误。④多见阙殆：多看别人行事，不做有危险的事情。殆，危险。

【译文】子张学习如何谋求仕禄。孔子说："多听别人的意见，有疑问的地方先搁置一边，谈论其他的事情也要谨慎，则可少犯错误。多看别人行事，不做有危险的事情，推行其他的事情也要谨慎，则可少些后悔。言语上少犯错误，行动上少些后悔，官职俸禄就在这里边了。"

3. 季康子问："仲由可使从政也与？"子曰："由也果①，于从政乎何有②？"曰："赐也可使从政也与？"曰："赐也达③，于从政乎何有？"曰："求也可使从政也与？"曰："求也艺④，于从政乎何有？"

——《论语·雍也》

【注释】①果：果敢，善于决断。②于从政乎何有：对于从政有什么困难？③达：通达。④艺：多才多艺。

【译文】季康子问孔子："仲由这个人，可以让他从政吗？"孔子回答道："仲由做事果断，对于从政有什么困难呢？"季康子又问道："子贡这个人，可以让他从政吗？"孔子说："子贡通达事理，对于从政有什么困难呢？"季康子再问道："冉求这个人，可以让他从政吗？"孔子说："冉求多才多艺，对于从政有什么困难呢？"

4. 子曰："不在其位，不谋其政。"

——《论语·泰伯》

【译文】孔子说："不在那个职位上，就不去考虑那个职位上的事情。"

5. 季康子问政于孔子。孔子对曰："政者正也，子帅①以正，孰敢不正。"

——《论语·颜渊》

【注释】①帅：同"率"，率先，率领。

【译文】季康子向孔子请教怎样执政。孔子回答说："政的意思就是正直。您带头正直，谁还敢不正直呢？"

6. 季康子患盗，问于孔子。孔子对曰："苟子之不欲，虽赏之不窃①。"

——《论语·颜渊》

【注释】①苟子之不欲，虽赏之不窃：如果你自己不是利欲熏心，即使奖励偷窃，也没人会偷盗。

【译文】季康子苦于盗贼太多，向孔子请教对策。孔子回答说："如果您不贪图财物，即便奖励他们，他们也不会去盗窃的。"

7. 子路问政。子曰："先之①，劳之②。"请益③。子曰："无倦④。"

——《论语·子路》

【注释】①先之：率先垂范。②劳之：使老百姓勤勉努力。③请益：请再说一点。益，增加。④无倦：坚持不懈。

【译文】子路问怎样从政。孔子回答说："率先垂范，督促老百姓勤勉努力。"子路请求多讲一点，孔子说："坚持不懈。"

8. 子曰："其身正，不令而行；其身不正，虽令不从。"

——《论语·子路》

【译文】孔子说："自身端正，即便不发布命令，老百姓也会跟着行动。自身不端正，即便发布命令，老百姓也不会服从。"

9. 子夏为莒父^①宰，问政。子曰："无欲速^②，无见小利，欲速则不达，见小利则大事不成。"

——《论语·子路》

【注释】①莒（jǔ）父：鲁国城邑，在今山东省莒县境内。②无欲速：不要求快。

【译文】子夏做了莒父的长官，问孔子怎样处理政事。孔子回答说："不要求快，不要贪图小利。求快反而达不到目的，贪图小利就做不成大事。"

（二）孟子

1. 戴盈之^①曰："什一，去关市之征，今兹未能，请轻之，以待来年，然后已^②，何如？"孟子曰："今有人日攘^③其邻之鸡者，或告之曰：'是非君子之道。'曰：'请损之，月攘一鸡，以待来年，然后已。'如知其非义，斯速已矣，何待来年？"

——《孟子·滕文公下》

【注释】①戴盈之：宋国大夫。②已：停止。③攘（rǎng）：偷取。

【译文】戴盈之说："实行十分之一的税率，免去关卡和市场上的征税，现在没能够推行，就先减轻一些，等到明年再废止，怎么样？"孟子回答道："现在有这么一个人，每天都要偷邻居一只鸡。有人告诉他说：'这不是君子的行为。'那个人说：'那我就少偷一点吧，以后每个月偷一只鸡，等到明年，就再不偷了。'如果知道这样做不合道义，就应该马上停止，为什么还要等到明年呢？"

2. 子产听郑国之政，以其乘舆济人于溱洧^①。孟子曰："惠而不知为政^②。岁十一月，徒杠^③成，十二月，舆梁^④成，民未病涉也^⑤。君子平其政，行辟人可也^⑥，焉得人人而济之？故为政者，每人而悦之，日亦不足矣^⑦。"

——《孟子·离娄下》

【注释】①乘（shèng）舆：乘坐的车马。溱（zhēn）、洧（wěi）：溱水，洧水，郑国境内两条河流，两水汇合后称"双洎河"。②惠而不知为政：这只是小恩小惠，而不知道怎样治理国家。③徒杠：可供徒步行走的小桥。④舆梁：可供车马通行的大桥。⑤民未病涉也：老百姓不担心渡河的问题。病，担心，忧虑；涉，渡河。⑥行辟人可也：出行时让人回避，也是可以的。⑦每人而悦之，日亦不足矣：想要取悦每一个人，时间就会不够用。

【译文】子产在郑国执政，用自己的车子帮助别人渡过溱水和洧水。孟子说："子产善于施惠却不懂得执政的方法。如果十一月把徒步行走的小桥修好，十二月把车马通行的大桥修好，百姓就不会为渡河发愁了。统治者把政事处理好了，出行时让人回避自己都未尝不可，哪能一个个地帮人渡河呢？所以执政者，如果想要取悦每一个人，时间就太不够用了。"

3. 孟子曰："君仁莫不仁，君义莫不义。"

——《孟子·离娄下》

【译文】孟子说："君主仁爱则老百姓没有不仁爱的，君主重义则老百姓没有不重义的。"

4. 白圭①曰："丹之治水也愈于②禹。"孟子曰："子过矣③。禹之治水，水之道也④。是故禹以四海为沟壑。今吾子以邻国为壑。水逆行，谓之洚水⑤。洚水者，洪水也。仁人之所恶也。吾子过矣。"

——《孟子·告子下》

【注释】①白圭：战国时期洛阳著名商人，名丹，字圭，有"商祖"之誉，其师父为鬼谷子。在魏惠王属下为大臣，善于修筑堤坝，兴修水利。②愈于：超过。③子过矣：你错了。④水之道也：符合水的本性。⑤洚（jiàng）水：逆行之水，谓之洚水。

【译文】白圭说："我治水的本领超过了大禹。"孟子说："你错了。大禹治水，是遵循水的规律，所以大禹以四海为流水的沟壑。如今先生却把邻国当作流水的沟壑。水逆向而行，就称之为洚水，所谓洚水，就是洪水。你这样做是仁者所厌恶的，你搞错了。"

（三）戴圣

汤之《盘铭》①曰："苟日新，日日新，又日新②。"《康诰》③曰："作新民④。"《诗》曰："周虽旧邦，其命维新⑤。"是故君子无所不用其极⑥。

——《礼记·大学》

【注释】①汤之《盘铭》：商汤王刻在澡盆上的箴言。盘，商汤王的洗澡用具。②全句意为：如果一天能除旧更新，那么就应该天天保持新貌，新了还要更新。苟，如果。③《康诰（gào）》：《尚书》中的一篇，是周成王任命康叔治理殷商旧地民众的命令。④作新民：激励民众弃旧图新，去恶从善。作，振作，激励；新民，使民更新，教民向善。⑤其命维新：其使命在革新。⑥是故君子无所不用其极：所以君子为达到维新的目的，需要竭尽全力。

【译文】商汤王刻在澡盆上的箴言说："如果一天能除旧更新，那么就应该天天保持新貌，新了还要更新。"《康诰》说："激励民众弃旧图新，去恶从善。"《诗经》说："周朝虽然是旧的国家，其使命却在革新。"所以君子为达到维新的目的，需要竭尽全力。

（四）李世民

1. 贞观元年，太宗谓黄门侍郎王珪曰："中书所出诏敕，颇有意见不同，或兼错失而相正以否。元①置中书、门下，本拟相防过误。人之意见，每或不同，有所是非，本为公事。或有护己之短，忌闻其失，有是有非，衔以为怨②。或有苟避私隙，相惜颜面，知非政事，遂即施行。难违一官之小情，顿为万人之大弊，此实亡国之政，卿辈特须在意防也。

隋日内外庶官，政以依违，而致祸乱，人多不能深思此理。当时皆谓祸不及身，面从背言，不以为患。后至大乱一起，家国俱丧，虽有脱身之人，纵不遭刑戮，皆辛苦仅免，甚为时论所贬黜。卿等特须灭私徇公，坚守直道，庶事相启沃③，勿上下雷同也。"

——《贞观政要·论政体》

【注释】①元：同"原"。②衔以为怨：心怀怨恨。衔（xián），存在心里。③庶事相启沃：希望凡事悉心启发开导。庶，希望；启沃，启发开导。

【译文】贞观元年，唐太宗对黄门侍郎王珪说："中书省所草拟的文告命令，门下省颇有不同看法，有时还发现错误疏漏而予以纠正。本来设置中书、门下两省，就是为了相互监督以防发生错误。各人的意见，经常不一样，有赞成的也有反对的，都是为了公事。但有的人护己之短，不喜欢听到自己的过失，对别人的赞成或反对，就心怀怨恨。有的为避免产生矛盾，互相顾惜面子，明明知道不合政事的规矩，仍然予以施行。为了迁就一个官员的私情，立刻酿成天下万民的大害，这实在是亡国之政，你们需特别注意防范。隋朝时内外大小百官，办理政事以附和为主，而造成祸乱，一般人大多不能深刻反思其中的道理。当时那些处理政事的人都认为灾祸不会落到自己身上，当面附和，背后议论，不认为会有什么恶果；到后来大乱来临，国与家一起败亡，纵使有人脱了身，没有惨遭刑戮，却都吃尽了苦头，仅免一死，还要深受舆论的谴责。你们须特别灭除私情，秉公办事，坚守正道，凡事互相启发开导，不要上下附和雷同。"

2. 贞观四年，太宗问萧瑀曰："隋文帝何如主也？"对曰："克己复礼，勤劳思政，每一坐朝，或至日昃①，五品已上，引坐论事，宿卫之士，传飧②而食，虽性非仁明，亦是励精之主。"太宗曰："公知其一，未知其二。此人性至察而心不明，夫心暗则照有不通，至察则多疑于物。又欺孤儿寡妇以得天下，恒恐群臣内怀不服，不肯信任百司，每事皆自决断，虽则劳神苦形，未能尽合于理。朝臣既知其意，亦不敢直言，宰相以下，惟即承顺而已。朕意则不然，

现代儒家读本

以天下之广，四海之众，千端万绪，须合变通，皆委百司商量，宰相筹画，于事稳便，方可奏行。岂得以一日万机，独断一人之虑也。且日断十事，五条不中，中者信善，其如不中者何？以日继月，乃至累年，乖谬既多，不亡何待？岂如广任贤良，高居深视，法令严肃，谁敢为非？"因令诸司，若诏敕颁下有未稳便者，必须执奏，不得顺旨便即施行，务尽臣下之意。

——《贞观政要·论政体》

【注释】①日昃（zè）：太阳偏西。②传飧：传送食物。

【译文】贞观四年，唐太宗问大臣萧瑀："隋文帝是一个什么样的君主？"萧瑀回答道："隋文帝克己复礼，勤劳思政，每次上朝处理政务都要忙到日落西山。五品以上官员，与他一起座谈国事，由执勤的卫士负责传送食物。他虽然称不上仁慈开明，却算得上励精图治的君王。"太宗说："你只知其一，不知其二。隋文帝虽然性格精明谨慎，但内心昏暗不明。内心昏暗不明就有不通事理之处，特别精明则疑心很重。他本来是从前朝的孤儿寡妇手中夺得天下，总是担心群臣不服，不肯相信手下的官员，每件事情都由自己来决断，虽然劳神费力，却未必都符合情理。朝中大臣虽然明白他的意思，也不敢指出来，丞相以下的官员，在他面前都只是附和而已。我跟他不一样，以天下之广，四海之众，事情千头万绪，该如何变通处理，都委托百官商量，宰相筹划，有利于事情的解决，才可以奏请执行。每天上万件事情，怎能单凭一个人的判断来作出决定呢？如果一天处理十件政事，有五件不合理，合理的固然好，不合理的怎么办？而日积月累，长年下来，错误多到一定程度，国家不亡何待？为什么不广泛选贤任能，皇帝只居高临下密切关注，严肃法纪，谁还敢胡作非为呢？"唐太宗于是下令百官，凡是诏令有不合情理的地方，必须上奏指出，不得附和圣旨匆忙执行，必须尽到一个臣子的职责。

3. 贞观七年，太宗幸蒲州。刺史赵元楷课①父老服黄纱单衣，迎谒路左，盛饰廨宇②，修营楼雉③以求媚；又潜饲羊百余口、鱼数千头，将馈④贵戚。太宗知，召而数之曰："朕巡省河、洛，经历数州，凡

111

有所须，皆资官物。卿为饲羊养鱼，雕饰院宇，此乃亡隋弊俗，今不可复行。当识朕心，改旧态也。"以元楷在隋邪佞，故太宗发此言以戒之。元楷惭惧，数日不食而卒。

——《贞观政要·论杜谗邪》

【注释】①课：督责，差派。②廨（xiè）宇：官舍。③楼雉：城楼与城堞，亦泛指城墙。④馈：赠送。

【译文】贞观七年，唐太宗驾幸蒲州，刺史赵元楷差派百姓穿黄纱单衣，在路旁迎接拜见皇帝，并大肆修饰官舍，修整城楼来谄媚讨好。又暗中饲养一百多头羊、几千条鱼，准备送给皇亲贵戚。太宗知道后，召来他斥责道："我巡察黄河、洛水之间的地方，经过几个州，凡有所需，都由官府供应。你喂羊养鱼，修饰庭院，这是隋朝亡国的坏风气，现在不能再实行了。你应当了解我的心意，改变以前的做法。"因为赵元楷在隋朝任职时喜欢阿谀奉承，所以太宗通过这番话来警诫他。赵元楷既惭愧又害怕，几天不吃东西后死了。

（五）朱熹

问："论治便当识体。"朱子曰："然。如作州县，便合治告讦①，除盗贼，劝农桑，抑末作。如朝廷，便须开言路，通下情，消朋党。如为大吏，便须求贤才，去赃吏，除暴敛，均力役，这都是定格局合如此做。如为天子近臣，合当謇谔②正直，又却恬退寡默，及至处乡里，合当闭门自守，躬廉退之节③，又却向前要做事，便都伤了大体。"

——《续近思录》卷八

【注释】①合：应当。告讦（jié）：揭人阴私，相互告发。②謇谔（è）：正直敢言。③躬廉退之节：躬行清廉谦退的节操。躬，躬行，亲身实行；退，谦退。

【译文】弟子问道："论处理政事，便应当懂得大体。"朱子回答道："是的。如作州县长官，便应当惩治诬告，消除盗贼，督促农业生产，禁止一些不

现代儒家读本

必要的产品。如在朝廷做官，便应当广开言路，畅通舆情，消除朋党。如做大官，便应当广求贤才，清除贪官，去除暴政，平均徭役，这些都是按规矩应该这样做的。如作为天子身边的近臣，本应当正直敢言，却又斯文安静，一言不发；及至退休后回到乡里，本应当闭门自守，躬行清廉谦退的节操，却又不安本分地要做事，这些都是有伤大体的事。"

第十章

公平篇

一、导读

公平，是社会稳定的基石；追求公平，是人类与生俱来的向往。

公平，毫无疑问也是儒家知识分子追求的目标之一。儒家所提倡的"正心诚意""修身齐家"，其终极目标乃在于"平天下"。

儒家的公平观，体现在对弱势群体的关心上。儒家追求的是一种相对的公平，即在承认现实不平等的基础上，尽最大努力照顾到所有人的利益，尤其要保证弱势群体的生存权利。在儒家思想中，一再描绘的社会理想是："老有所终，壮有所用，幼有所长，鳏寡孤独废疾者，皆有所养"。用现在的话说，就是老人都有退休金，年轻人都有工作岗位，孩子们都能获得健康成长，即便是失去劳动生活能力的孤寡老人和残疾人，也都能得到很好的照顾。这些理想看似简单，容易实现，可真要在全国范围普遍实施，却并非一件易事。

儒家的公平观，体现在获利的正当性上，"不义而富且贵，于我如浮云"。孔子说这话时显然是有感而发，反对通过不正当途径获取非分的经济利益。因为能够通过不正当途径获取巨大经济利益的，往往是掌握着大量公共资源的权贵阶层，而非一般的普通百姓。

儒家的公平观，体现在机会均等上。在中国进行任人体制改革之前，官员基本上实行的是贵族世袭制，普通百姓除通过军功之外，要做官几乎没有其他的途径。孔子大胆提出要选贤任能，反对凭出身任官的世袭制。两汉实行的察举征辟制和隋唐以后实行的科举制，无疑都是建立在选贤任能这一思想之上的，为普通百姓通过努力改变命运提供了平等的机会。

儒家的公平观，体现在教育的一视同仁上。无论今天，还是古代，教育都是改变个人命运的重要途径，教育公平是最具起点意义的公平。孔子是中国历史上第一个广收弟子的大教育家，他的所作所为对后世儒家的教育取向，无疑有着十分深刻的影响。孔子之前，学在官府，只有贵族子弟才能入学，而在孔子的学生中，既有贵族子弟，也有平民百姓，而且学费都不高，只要送几块腊肉，他便可以因材施教。

儒家虽然追求公平，但并不主张通过激进的暴力手段，来获得所谓的平等。儒家对于公平的诉求，是渐进而温和的，一则要求贫穷者像颜渊一样安分守己，乐天知命，二则要求政府能主动照顾到弱势群体的利益，尤其反对官员通过不当获利来扩大贫富之间的差距。

不公平，与追求公平，可谓孪生兄弟，自有人类开始，就同时并存。人类社会只能实现相对的公平，绝对的公平则往往只是一个口号，一个向往。任何一个社会，都难以实现绝对的、完全的公平与平等。但即便如此，人类一代又一代人，一个又一个国家，追求公平的热情从来没有消失过。尤其当政治、经济的不公平突破一定限度时，底层群众要求公平的诉求便会越发强烈，当这种诉求长期得不到满足时，则容易造成社会的混乱和动荡。

对于普通百姓来说，应该看到，以追求绝对公平发动的革命，不见得就一定能带来绝对的公平，更多的则是社会的动荡、贫穷、苦难，乃至死亡，政权变更即便能消除某些旧的不公平，却无法杜绝新的不公平。而对于一个政府来说，则应该时刻牢记，社会的进步并不体现在让多少富人获得了巨额财富，而是体现在让多少穷人摆脱了贫困。

二、经典选读

（一）孔子

　1. 季氏将伐颛臾①。冉有季路见于孔子曰："季氏将有事于颛臾。"

孔子曰："求，无乃尔是过与？夫颛臾，昔者先王以为东蒙主②，且在邦域之中矣，是社稷之臣也，何以伐为？"冉有曰："夫子欲之，吾二臣者，皆不欲也。"孔子曰："求，周任③有言曰：陈力就列，不能者止④。危而不持，颠而不扶，则将焉用彼相矣。且尔言过矣。虎兕出于柙⑤，龟玉毁于椟⑥中，是谁之过与？"冉有曰："今夫颛臾，固而近于费，今不取，后世必为子孙忧。"孔子曰："求，君子疾夫舍曰欲之，而必为之辞⑦。丘也，闻有国有家者，不患寡而患不均，不患贫而患不安，盖均无贫，和无寡，安无倾。夫如是，故远人不服，则修文德以来之。既来之，则安之。今由与求也，相夫子，远人不服而不能来也，邦分崩离析而不能守也，而谋动干戈于邦内，吾恐季孙之忧，不在颛臾，而在萧墙⑧之内也。"

——《论语·季氏》

【注释】①颛臾：古国名。由于颛臾国小势弱，春秋初期成了鲁国附庸。②东蒙：蒙山，是沂蒙山区最高大的山脉。③周任：周代大夫，为人正直无私，疾恶务去。④陈力就列，不能者止：能贡献自己才干的，才去担任相应的官职，否则就应辞职不干。陈力，贡献才力；就，担任；列，职位。⑤兕（sì）：犀牛。柙（xiá）：关押野兽的木笼。⑥龟玉：龟甲和宝玉，一般指国家重器。椟：木柜，匣子。⑦君子疾夫舍曰欲之，而必为之辞：君子痛恨那种口里说不要，实际却想要，并且找出一堆理由来为之辩解的做法。疾，痛恨；舍，放弃，不要；欲，想要。⑧萧墙：古代宫室内作为屏障的矮墙。

【译文】季孙氏将要讨伐颛臾。冉有、季路拜见孔子说："季孙氏将要对颛臾用兵。"孔子说："冉有！恐怕这是你的过错吧。颛臾国君，先王把它当作主管东蒙山祭祀的人，而且它地处鲁国境内，是鲁国的属国，为什么要讨伐它呢？"冉有说："季孙氏要这么干，我们两个做臣下的都不愿意。"孔子说："冉有！周任有句话：能施展才能就担任那职位，不能胜任就该辞去。如果有人遇到危险却不去护持，有人将要跌倒却不去搀扶，那何必要任用相国呢？况且你的话错了，老虎和犀牛从笼子里跑出来，龟甲和玉器毁坏在匣子中，这是谁的过错呢？"冉有说："如今颛臾城墙坚固而且靠近季孙氏的封地，现在不夺取，后世必定会成为子孙们的负担。"孔子说："冉有！君子厌恶那些口里说不要，明明又想要，还要为自己找借口的人。我听说拥有邦国和封邑的人，不担忧人口太少而担忧分配不均，不担忧贫穷而担忧社会不安定。因为分配公平，就没有贫穷；上下和睦，就不担心人少；社会安定，国家就不会倾覆。所以远方的人不愿归服，就修治文德来让他归服；别人来了之后，就想方设法让他安下心来。如今子路和冉有两人辅佐季孙氏，远方的人没有归服，却无法使他们来归顺；国家分崩离析却无法保持统一；反而图谋在境内大动干戈。我恐怕季孙氏的忧患，不在颛臾，而是在鲁国内部。"

2. 以公灭私，民其允怀①。

——《尚书·周官》

【注释】①允：信任。

【译文】用公心来灭掉个人的私欲，老百姓就会信任和感怀。

（二）孟子

齐宣王问曰："人皆谓我毁明堂①。毁诸？已乎？"孟子对曰："夫明堂者，王者之堂也。王欲行王政，则勿毁之矣。"

王曰："王政可得闻与？"对曰："昔者文王之治岐②也，耕者九一③，仕者世禄，关市讥而不征④，泽梁⑤无禁，罪人不孥⑥。老而无妻曰鳏，老而无夫曰寡，老而无子曰独，幼而无父曰孤。此四者，天下之穷民而无告者。文王发政施仁，必先斯四者。诗云：'哿矣富人，哀此茕独⑦。'"王曰："善哉言乎！"曰："王如善之，则何为不行？"

王曰："寡人有疾，寡人好货。"对曰："昔者公刘⑧好货；《诗》云：'乃积乃仓，乃裹糇粮⑨，于橐于囊⑩。思戢用光⑪，弓矢斯张，干戈戚扬，爰方启行⑫。'故居者有积仓，行者有裹粮也，然后可以爰方启行。王如好货，与百姓同之，于王何有？"

现代儒家读本

王曰："寡人有疾，寡人好色。"对曰："昔者大王⑬好色，爱厥⑭妃。诗云：'古公亶父，来朝走马，率西水浒⑮，至于岐下。爰及姜女，聿来胥宇⑯。'当是时也，内无怨女，外无旷夫。王如好色，与百姓同之，于王何有？"

——《孟子·梁惠王下》

【注释】①明堂：天子接见诸侯的地方。此处指泰山明堂，为周天子东巡时所设。②岐：地名，在今陕西岐山县。③耕者九一：耕者实行九一税制。周制将耕地划成井字形，每井九百亩，周围八家各一百亩，属私田，中间一百亩属公田，由八家共同耕种，收入归公。④关市讥而不征：对市场只稽查而不征税。关，关卡；讥，稽查；征，征税。⑤泽梁：在流水中拦鱼的一种装置。梁，筑在水中的堰，用来拦水捕鱼。⑥孥（nú）：子女，亦指妻子和儿女。此处指处罚罪人不牵连到妻子儿女。⑦哿矣富人，哀此茕独：富人们已经过得可以了，而这些贫穷孤独的人却很可怜。哿（gě），可以。⑧公刘：后稷的后代，周朝始祖。⑨糇（hóu）粮：干粮。⑩于橐于囊：装满大袋小袋。橐（tuó），口袋。⑪思戢用光：齐心协力，发扬光大。思，语气词，无义；戢：同"辑"，和睦，齐心；用，因而；光，发扬光大。⑫弓矢斯张，干戈戚扬，爰方启行：拉开弓箭，手持兵器，方能开始前行。⑬大王：又称周太王，古公亶父，姓姬，名亶（dǎn）。周文王祖父，周王朝的奠基人。⑭厥：他的。⑮率西水浒：循着西边的河流。率，循；浒，水边。⑯爰及姜女，聿来胥宇：带着妻子姜氏，建立了新的居所。爰，语首词，无义；姜女，太王妃子，也称太姜；聿，语首词，无义；胥，省视，视察；宇，屋宇。

【译文】齐宣王问道："别人都建议我拆毁明堂，究竟是拆还是不拆呢？"孟子回答说："明堂是王者接见诸侯的地方。大王如果想施行王政，就不要拆毁它。"

宣王说："你能说说怎样实行王政吗？"孟子回答说："从前周文王治理岐山的时候，对农民收税是九分之一；对于做官的是世代给予俸禄；在关卡和市场上只稽查，不征税；山泽湖泊不禁止捕鱼打猎；罪犯不牵连妻子儿女。老而失去妻子的叫作鳏夫；老而失去丈夫的叫作寡妇；老而没有儿女的叫作独夫；幼而失去父亲的叫作孤儿。这四种人是天下最为穷苦无依的人。文王实施仁政，一定先考虑这四种人。"《诗经》说："富人们已经过得可以了，可怜那些无依无靠的孤独者吧。"

宣王说："说得挺好的呀！"孟子说："大王如果认可王政，为什么不照此实行呢？"

宣王说："我有个毛病，我喜爱钱财。"孟子说："从前公刘也喜爱钱财。《诗经》说：'把粮食收进粮仓，准备好充足的干粮，装满小袋和大囊。齐心协力争取荣光，张开弓箭，手持兵器，方能开始前行。'因此留在家里的人有充足的粮食，行军的人带着干粮，这才能够率领军队前进。大王如果喜爱钱财，让老百姓也一起追求财富，这对施行王政有什么困难呢？"

宣王说："我还有个毛病，我喜爱女色。"孟子回答说："从前周太王也喜爱女色，非常爱他的妃子。《诗经》说：'古公亶父，早晨驱驰快马，沿着西边的河岸，一直走到岐山脚下。带着妻子姜氏，建立了新的居所。'那个时候，没有找不到丈夫的怨女，也没有找不到妻子的光棍。大王如果喜爱女色，与老百姓也一起追求爱情，这对施行王政有什么困难呢？"

（三）董仲舒

1. 孔子曰："不患贫而患不均。"故有所积重，则有所空虚矣。大富则骄，大贫则忧，忧则为盗，骄则为暴，此众人之情也。圣者则于众人之情，见乱之所从生，故其制人道而差上下①也，使富者足以示贵而不至于骄，贫者足以养生而不至于忧，以此为度而调均之，是以财不匮而上下相安，故易治也。今世弃其度制，而各从其欲，欲无所穷，而俗得自恣，其势无极，大人病不足于上，而小民羸瘠于下②，则富者愈贪利而不肯为义，贫者日犯禁而不可得止，是世之所以难治也。

孔子曰："君子不尽利以遗民。"故君子仕则不稼，田则不渔，食时不力珍③，大夫不坐羊，士不坐犬④。以此防民，民犹忘义而争利，以亡其身。天不重与，有角不得有上齿⑤，故已有大者，不得有小者，天数也。夫已有大者，又兼小者，天不能足之，况人乎！故明圣者象天所为为制度，使诸有大奉禄，亦皆不得兼小利、与民争利业，乃天理也。

——《春秋繁露》卷八

【注释】①制人道而差上下：制定社会的规范使上下之间有所差别。②大人病不足于上，而小民羸瘠于下：上面的统治者抱怨钱不够用，而下面的老百姓却穷困不堪。③食时不力珍：吃饭时不力求珍馐。④大夫不坐羊，士不坐犬：大夫不杀羊以坐其皮，士不杀犬以坐其皮。⑤天不重与，有角不得有上齿：老天不会把多重好处集中于一物，有尖角的动物就不会有利齿。

【译文】孔子说："不担心贫穷而担心分配不均。"如果有的人财富积累过多，则有的人就会贫穷空乏。过于富裕则起骄心，过于贫穷则生忧患，忧心重则易为盗，骄心重则易为暴，这些都是人之常情。圣人根据多数人的情况，看到社会动乱产生的根源，所以制定了典章制度使上下之间有所差别，让富裕的人足以显示自己的尊贵而不至于骄横，让贫穷的人足以供养家庭而不至于忧愁，以这个为标准而协调均衡，所以财富不至于匮乏而上下之间又相安无事，从而使国家易于治理。现在放弃了这样的制度，而让众人各随其欲，欲望是没有止境的，而又没有什么东西来予以禁止，照此发展下去将没有一个界限，上面的统治者忧虑财用不足，而下面的百姓却穷困不堪，富裕者越发贪图利益而不顾道义，贫穷者经常触犯法律而难以禁止，导致国家难以治理。

孔子说："统治者不占尽好处，而把利益让给老百姓。"所以君子当官就不再耕田，耕田就不再捕鱼，吃饭时不力求珍馐，大夫不杀羊、士不杀犬以坐其皮。用这些来规范百姓的行为，而普通人仍然不顾道义，为争取利益，以致丢掉性命。老天不会把多重好处集中于一件事上，有尖角的动物就不会有利齿。所以已经得了大好处的，就不能再占小便宜，这是上天安排的命数。已经得了大好处的，又贪小便宜，天也不能满足他，何况是人呢？所以圣人根据上天的安排来制定制度，使有丰厚俸禄的人，都不得再占小便宜，与老百姓争夺利益，这是天理如此。

2. 富者奢侈羡溢，贫者穷急愁苦；民不乐生，安能避罪！此刑罚之所以蕃①而奸邪不可胜者也。

——《天人三策》

【注释】①蕃：繁多。

【译文】富裕者奢侈挥霍，贫穷者穷愁困苦；老百姓不以活着为快乐，又怎能避免犯罪？这便是刑罚繁多而犯罪仍然无法遏制的原因。

（四）戴圣

昔者仲尼与于蜡宾①，事毕，出游于观②之上，喟然而叹。仲尼之叹，盖叹鲁也。言偃在侧曰："君子何叹？"孔子曰："大道之行也，与三代之英③，丘未之逮也，而有志焉。大道之行也，天下为公。选贤与能，讲信修睦，故人不独亲其亲，不独子其子，使老有所终，壮有所用，幼有所长，鳏寡孤独废疾者，皆有所养。男有分④，女有归⑤。货恶其弃于地也，不必藏于己；力恶其不出于身也，不必为己。是故谋闭而不兴，盗窃乱贼而不作，故外户而不闭，是谓大同。"

"今大道既隐⑥，天下为家，各亲其亲，各子其子，货力为己。大人世及以为礼⑦。城郭沟池以为固，礼义以为纪，以正君臣，以笃父子，以睦兄弟，以和夫妇，以设制度，以立田里，以贤勇知，以功为己。故谋用是作，而兵由此起。禹、汤、文、武、成王、周公，由此其选也⑧。此六君子者，未有不谨于礼者也，以著⑨其义，以考其信，著有过，刑仁讲让⑩，示民有常。如有不由此者，在势者去⑪，众以为殃，是谓小康。"

——《礼记·礼运》

【注释】①蜡（zhà）：年终举行的祭祀，又称蜡祭。蜡宾，祭祀的助祭人。②观：宗庙两旁的楼房。③三代：指夏、商和周。英：英明的君主。④分：职分，职业。⑤归：归属，指女子出嫁。⑥隐：消失。⑦大人世及以为礼：诸侯大夫均世袭以为礼。世，父亲传位给儿子；及，哥哥传位给弟弟。⑧由此其选也：由这种方法成为历史的选择。⑨著：彰显。⑩刑仁讲让：以仁爱为准则，讲求礼让。刑，通"型"，式样，以为准则。⑪在势者去：有权势的人也要让他离开。

　【译文】从前，孔于参加鲁国的蜡祭，祭祀结束后，他出来在宗庙两旁的楼台上游观，不觉长叹一声。孔子的长叹，是感叹鲁国的现状。言偃在他身边问道："老师为什么叹息？"孔子回答说："大道实行的年代，以及夏、商、周三代英明君主当政的时期，我都没有赶上，但实在心向往之。在大道实行的年代，天下为天下人所共有。选贤任能，人人都讲诚信，关系和睦。因此人们不只是亲近自己的父母，不只是抚养自己的子女，而是使老年人都能够安享天年，年轻人都能找到合适的工作，孩子们都能获得健康成长，即便是失去劳动生活能力的孤寡老人和残疾人，也都能得到很好的照顾。男的有职业，女的能及时婚配。憎恶把财物扔在地上，却不是为了独自享用。憎恶劳动中不肯竭尽全力，却不是为了一己之私。所以没有人会去耍弄阴谋诡计，也没有人会去偷盗抢劫，家家户户都不需关闭大门，这样的社会称之为大同。"

"现在大道已经消隐，天下就像一个家庭。人们只亲近自己的亲人，只抚养自己的儿女，储存财物和付出劳动，都只是为了一己之私。天子诸侯的权力世代相承，并成为礼仪制度。修建城郭沟池作为坚固的防守，制定礼仪制度作为纲纪法规，用来明确君臣之分，密切父子情谊，加深兄弟感情，协调夫妻关系，确立各种制度，划分田地住宅，让贤能和勇敢的人得以知名，为自己建功立业。所以阴谋诡计由此而兴，战争也随之而来。夏禹、商汤、周文王、周武王、周成王和周公旦，由这种方法而成为三代中的杰出人物。这六位君子，没有哪个不谨慎奉行礼制，以彰显礼制的内涵，以考察人们的信誉，揭露过错，以仁爱为准则，讲求礼让，告知百姓事物都有固定不变的准则。如果不遵循这样的准则，有权势的人也要予以斥退，百姓会把它看成国家的祸害。这样的社会称之为小康。"

（五）李世民

贞观二年，太宗谓房玄龄等曰："朕比见隋代遗老，咸称高颎①善为相者，遂观其本传，可谓公平正直，尤识治体，隋室安危，系其存没。炀帝无道，枉见诛夷。何尝不想见此人，废书钦叹！又汉、魏已来，诸葛亮为丞相，亦甚平直，尝表废廖立、李严于南中，立闻亮卒，泣曰：'吾其左衽矣②！'严闻亮卒，发病而死。故陈寿③称：'亮之为政，开诚心，布公道，尽忠益时者，虽仇必赏；犯法怠慢者，虽亲必罚。'卿等岂可不企慕及之？朕今每慕前代帝王之善者，卿等亦可慕宰相之贤者，若如是，则荣名高位，可以长守。"玄龄对曰："臣闻理国要道，在于公平正直，故《尚书》云：'无偏无党，王道荡荡。无党无偏，王道平平。'又孔子称'举直错诸枉，则民服'，今圣虑所尚，诚足以极政教之源，尽至公之要，囊括区宇，化成天下。"太宗曰："此直朕之所怀，岂有与卿等言之而不行也？"

——《贞观政要·论公平》

【注释】①高颎（jiǒng），字昭玄，隋文帝时，任尚书左仆射，执掌朝政。炀帝即位后，因议论朝政，被人告发，为炀帝所杀。②左衽：古代部分少数民族服装，前襟向左掩。南中属少数民族地区，廖立被贬至此，听到诸葛亮死讯后，担心一直留在此地。③陈寿：西晋史学家，字承祚。少好学，在蜀汉为观阁令史。入晋后，历任著作郎、治书侍御史。晋灭吴后，集合三国时官私著作，著成《三国志》。

【译文】贞观二年，唐太宗对房玄龄等人说："我经常听到隋朝遗老，都称赞高颎宰相当得好，便读了他的传记。高颎可说是公平正直，尤其顾全大局，隋朝的安危，跟他的存亡有很大的关系。炀帝无道，白白地将其诛杀。我何尝不想见到此人，不觉放下书本，为之叹息。另外汉魏以来，诸葛亮任丞相，也很公平正直，曾上表奏请将廖立、李严流放到南中地区。廖立听到诸葛亮的死讯后，流着眼泪说：'我只怕要一直待在南中了。'李严听说诸葛亮的死讯，竟发病而死。所以陈寿称道他：'诸葛亮为政，开诚布公，尽职尽责有益于国家的，虽是仇人也要给予奖赏；犯法违纪者，虽是亲人也要给予处罚。'你等怎能不向他们看齐？我现在经常仿效前代善于治理国家的帝王，你等也要仿效以前的贤相，如果能做到这一点，则富贵荣华，可以长久保住。"房玄龄回答道："我听说治国要道，在于公平正直，所以《尚书》中说：'不偏不倚，王道浩荡。不倚不偏，王道平坦。'另外孔子说过：'提拔正直的人，放在邪恶的人上面，老百姓就会服从'，现在皇上所崇尚的，确实是找到了政教的根本，抓住了公道的关键，包含宇宙万物，可以教化天下。"唐太宗说："这

现代儒家读本 ◉

正是我所关心的，怎能跟你们说了而不去实行呢？"

（六）唐甄

唐甄：明末清初思想家。四川达州人。清初曾在山西担任过 10 个月的知县，因与上司意见不合被革职。后曾经商，因赔本乃流寓江南，靠讲学卖文维生。历时 30 年，著有《潜书》，批判君主专制，主张以民为本。

天地之道故平，平则万物各得其所。及其不平也，此厚则彼薄，此乐则彼忧，为高台者必有洿池①，为安乘者必有茧足②。王公之家一宴之味，费上农一岁之获，犹食之而不甘。吴西之民，非凶岁为麲粥，杂以荍秆之灰③，无食者见之，以为是天下之美味也。人之生也，无不同也，今若此，不平甚矣！提衡者权重于物则坠④，负担者前重于后则倾，不平故也。是以舜禹之有天下也，恶衣菲食⑤，不敢自恣。岂所嗜之异于人哉，惧其不平以倾天下也！

——《潜书·大命》

【注释】①洿（wū）池：水塘。②茧足：足下生茧。③麲（xiàn）：麦屑；荍（qiáo）：同"荞"，荞麦。④衡：秤杆；权：秤锤。⑤菲食：粗劣的饮食。

【译文】天地之道本来是公平的，公平则万物各得其所。可到了不公平的时候，就会厚此薄彼，忧乐不均，有高台就必定会有低洼的水塘，有安稳坐车的人就一定会有脚上长茧的人。王公之家一餐饭的花费，抵得上农民一年的收获，尚且吃得不够美味。吴西的百姓，就算不是灾荒之年也吃麦麸稀饭，拌上荞麦秆磨的粉，没有饭吃的人看到了，认为这便是天下的美味。每个人出生的时候，没有不相同的地方，而像现在这样，实在是太不公平了。用秤称物时秤砣比货物重，秤砣就会掉下来；挑东西时前面重后面轻，身体就会站立不稳，都是不平衡的缘故。所以舜、禹治理天下，穿着粗糙的衣服，吃着粗劣的食物，不敢放纵随意。难道是他们的嗜好跟常人不一样吗？是担心不公平而致使天下倾覆！

第十一章

选贤篇

一、导　读

中国历史上曾进行过三次重大的任人制度改革。第一次是商鞅变法，第二次是汉初推行的察举征辟制，第三次是隋唐时期推行的科举制。三次任人制度的改革，都给中国社会带来巨大改变。商鞅变法为秦始皇统一中国创造了条件，察举征辟制造就了两汉的强大和稳定，科举制则为中国在近一千年的历史中领先于世界奠定了坚实的基础。

选贤任能是孔子最早提出的任人主张，它实质上是对官员世袭制的一种否定和反对。

公元前196年，汉高祖刘邦平定天下后，颁发了求贤诏，下令各地官员推举有治国才能的"贤士大夫"担任国家官吏，开了汉代任人制度——察举制的先河。汉武帝即位后，采纳董仲舒的建议，将察举制变成一种经常性的制度，每年举行一次，并对被察举的人才作了明确规定，凡儒家以外的各家均不得举荐，开创了以儒术取士的先河。除了察举制，汉代皇帝和地方官员还可以直接征召有名望的士人出任官员和僚属，是为征辟制。

两汉推行的察举征辟制，将官吏的选拔与德才结合起来，终止了官员世袭制度，这在当时无疑是社会的一个巨大进步，让一大批才学出众的知识分子得以脱颖而出。两汉存在了四百多年，多数时间社会比较稳定，国力强盛一时，与这种用人制度的推行，有着十分密切的关系。

欧洲罗马帝国与中国两汉王朝，处于同一个时期，是当时世界上最强大的两个帝国，都同时受到草原游牧民族的威胁。但罗马帝国在任人制度上，走了一条完全相反的道路。罗马共和国时期实行的选举制，使许多平民得以进入国家的管理层，而到罗马帝国时期，对选举作了诸多限制，必须是贵族才有资格进入元老院，必须是贵族才有可能被任命为各级官吏。选举变成了贵族的一种特权，平民被完全排除在政权之外。

不同的任人制度导致国家不同的命运。最终，中国的汉朝击溃了匈奴的进攻，而罗马帝国却在游牧民族接二连三的攻势面前，节节败退，一分为二，西罗马帝国随之崩溃，西欧由此处于漫长的分裂状态。

在中国历史上，最值得称道的任人制度，无疑是科举制。公元587年，重新统一了中国的隋文帝下诏宣布"罢州郡之弊，废乡里之举"，并同时在全国实行分科考选，根据考生的成绩来决定其是否有资格担任国家官员，从此拉开了科举制的序幕。

唐朝开国之后，科举制得到蓬勃发展，成了中国历史上延续时间最长的一种任人制度。唐朝初年因为积习相沿，也奉行过一段时期的九品中正制，但唐太宗不愧为一代明君，很快便看到了这种选官制度的流弊和危害。唐太宗对任人制度的重要性有着非常清醒的认识，"致安之本，惟在得人"，只有"任官惟贤才"，才能使国家获得长治久安。也就是在贞观年间，科举制正式成为全国性的、定期的、声势浩大的官吏选拔制度。

科举制延续了1300多年，一种任人制度能延续如此长的时间，并为历朝历代的统治者所青睐，无疑有着它的合理之处。它的产生，是中国任人制度的一大进步和跨越，是对之前种种任人制度的否定和替代。现在回过头来看，科举制的公正性、普及性和民主性，是其他任何一种任人制度都无法比拟的。举国上下，无论达官贵族，还是寒门士子，任何一个人都有同等的机会参与竞争。考试的公正性、机会的均等性、任人的广泛性，使科举制度不仅受到朝廷的支持和肯定，千百年来也得到无数中下层百姓的拥护和响应。

科举考试选拔了1000多万优秀人才进入国家管理队伍。隋唐以后，几乎每一位知识分子都与科举考试有着不解之缘，从未参加过科举考试的读书人微乎其微。

在中国历史上也出现了三次任人制度的大倒退。第一次是魏晋南北朝时期推行的九品中正制，其做法是由朝廷委派中正官对全国的人才进行评品，评品的标准是家世、道德和才能，评品的等级共分九品，吏部再根据品第授予官职，品第越高则官职越高，品第越低则官职越低。由于汉末以来门阀世族长期把持朝政，中正官在品评人才时往往以家世作为选官的唯一标准，长此以往便形成了"上品无寒门，下品无庶族"的用人局面。

九品中正制完全是一种埋没人才的黑暗制度，从它施行之日起，就不断受到有识之士的指责和抨击，如《晋书·段灼传》说："今台阁选举，徒塞耳目，九品论人，唯问中正。故据上品者，非公侯之子孙，则当途之昆弟也。二者苟然，则筚门蓬户之后，安得有不陆沉者哉。"南北朝是中国有史以来分裂最长的一段时期，各少数民族乘虚而入，出现了五胡乱华的混乱局面。导致这种局面的原因固然非止一种，但任人制度的倒退，无疑是一个最重要的原因。

第二次是元朝时期。蒙古人作为少数民族入主中原，将人种分为四等，汉人处于最下层，汉人知识分子不仅得不到重用，还备受打压，延续了数百年的科举制，在元朝也一度中止。绝大多数官员由蒙古人和色目人担任。因为任人的不公，及其他各种倒行逆施，元朝的统治从一开始便极不稳固，不到一百年时间，便分崩离析了。

第三次是清朝时期。清军入关时，满族人口不过 30 来万，而到清朝灭亡时，也只有 100 多万，却在 300 年间占据了官场的半壁江山，朝廷重要官职几乎全由满人把持。出身满族者，不论读书不读书，大都能获得一官半职，实际上是一种变相的世袭制。而针对汉人所实行的科举制，仅为笼络知识分子的一种举措，于大局已无所补益。这种倒退的任人制度，无疑是造成近代中国落后挨打的一个重要原因。

中国的察举征辟制和科举制，都是建立在儒家选贤任能的理论之上的。这种观点在欧洲政治史上几乎不受重视，甚至很少有人提及。在中世纪漫长的1000 多年历史中，欧洲政治一直被贵族和教会把持，平民百姓不仅难以进入政府的高层，甚至连基层官职也很少有机会担任。直到 18 世纪掀起的民主革命，才完全颠覆了旧有的世袭制度，欧洲各国也才涌现出一种前所未有的勃勃生机。民主革命，其实质仍然是一场任人制度的变革。

二、经典选读

（一）孔子

1. 哀公①问曰："何为则民服？"孔子对曰："举直错诸枉②，则民服；举枉错诸直，则民不服。"

——《论语·为政》

【注释】①哀公：鲁国国君，公元前494—前468年在位。②举直错诸枉：将正直的人放在不正直的人上面。错，同"措"，放置。枉，不正直。

【译文】鲁哀公问道："怎样才能让老百姓服从？"孔子回答道："提拔正直的人，放在邪恶不正的人上面，老百姓就会服从；提拔邪恶不正的人，放在正直的人上面，老百姓就不会服从。"

2. 子路使子羔①为费宰。子曰："贼夫人之子②。"子路曰："有民人焉，有社稷焉。何必读书，然后为学。"子曰："是故恶夫佞者③。"

——《论语·先进》

【注释】①子羔：孔子弟子，名高柴，字子羔，又称子皋、子高、季高。②贼夫人之子：这是害了他。时子羔年少，学未成熟，使之从政，适以害之。③是故恶夫佞者：所以我讨厌你这种喜欢用歪理狡辩的人。恶，痛恨。佞者，喜欢讲歪理的人。

【译文】子路让子羔做了费地的长官，孔子评论说："这简直是害人子弟。"子路说："那里有百姓，有土地，何必要通过读书的方式，才是学习。"孔子说："所以我讨厌你这种喜欢用歪理狡辩的人。"

现代儒家读本

3. 仲弓为季氏①宰，问政。子曰："先有司②，赦小过，举贤才。"曰："焉知贤才而举之？"曰："举尔所知，尔所不知，人其舍诸？"

——《论语·子路》

【注释】①季氏：季孙氏，鲁国贵族，掌握鲁国实权。②先有司：先抓好有司这个环节。有司，官吏。

【译文】仲弓做了季氏的家臣，问怎样管理政事。孔子答道："先抓好有司这个环节，不追究他们的小过错，选拔贤能之人出来任职。"仲弓又问："怎样知道谁是贤能之人，而把他选拔出来呢？"孔子答道："选拔你所知道的，至于你所不知道的，别人难道会舍弃他吗？"

4. 子曰："君子不以言举人，不以人废言。"

——《论语·卫灵公》

【译文】孔子说："君子不因为一个人的言语而提拔他，不因为一个人的不足而不采纳他的言论。"

（二）孟子

1. 鲁欲使乐正子①为政。孟子曰："吾闻之，喜而不寐②。"公孙丑曰："乐正子强乎？"曰："否。""有知虑乎？"曰："否。""多闻识乎？"曰："否。""然则奚为喜而不寐？"曰："其为人也好善。""好善足乎？"曰："好善优于天下③，而况鲁国乎？夫苟不好善，则人将曰：'訑訑④，予既已⑤知之矣。'訑訑之声音颜色，距人于千里之外。士止于千里之外，则谗谄面谀之人至矣。与谗谄面谀之人居，国欲治，可得乎？"

——《孟子·告子下》

【注释】①乐（yuè）正子：孟子弟子，复姓乐正，名克，思孟学派重要人物。②喜而不寐：高兴得睡不着觉。③好善优于天下：好善，足够治理天下了。优：足够。

131

④訑（yí）訑：自满，听到别人说话而不耐烦的样子。⑤既已：早已。

【译文】鲁国想使乐正子管理政事。孟子说："我听到这个消息，高兴得睡不着觉。"公孙丑问道："乐正子性格很刚强吗？"孟了答道："不强。"公孙丑又问道："有智慧谋略吗？"孟子答道："没有。"公孙丑继续问道："见多识广吗？"孟子答道："不广。"公孙丑说："那你为什么高兴得睡不着觉呢？"孟子说："乐正子为人喜欢听取善言。"公孙丑又问道："喜欢听取善言，就够了吗？"孟子答道："喜欢听取善言，治理天下都够了，何况只是鲁国？如果执政者不喜欢听取善言，则将对别人说：'訑訑，我早已知道了。'那种极不耐烦的样子，拒人于千里之外。饱学之士被拒于千里之外，那么喜欢阿谀奉承的人就来了。长期与阿谀奉承之辈待在一起，想把国家治理好，可能吗？"

2. 孟子曰："不信仁贤，则国空虚。无礼义，则上下乱。无政事，则财用不足。"

——《孟子·尽心下》

【译文】孟子说："不相信仁德贤能之人，国家就会变得疲弱无力。不讲礼义，上下关系就会变得十分混乱；没有好的治理措施，政府就会财用不足。"

（三）荀子

1. 故明主有私人以金石珠玉，无私人以官职事业，是何也？曰：本不利于所私也①。彼不能而主使之，则是主暗也；臣不能而诬能，则是臣诈也。主暗于上，臣诈于下，灭亡无日，俱害之道也。夫文王非无贵戚也，非无子弟也，非无便嬖也，偶然②乃举太公于州人而用之，岂私之也哉！以为亲邪？则周姬姓也，而彼姜姓也；以为故邪？则未尝相识也；以为好丽邪？则夫人行年七十有二，然而齿堕矣。然而用之者，夫文王欲立贵道③，欲白贵名④，以惠天下，而不可以独也。

——《荀子·君道》

【注释】①本不利于所私也：给人以官职，本不利于他所喜欢的那些人。②倜然：高超的样子，显得与众不同。③欲立贵道：欲树立以能选人的原则。④欲白贵名：欲显扬以能选人的名声。

【译文】所以贤明的君主会用金银珠宝来私下赏赐给人，但不会用官职来私下授予别人。为什么呢？给人以官职，本不利于他所喜欢的那些人。那些人没有能力，而君主重用他们，则是君主昏暗不明；作为臣子没有能力而自称能力过人，则是臣子欺诈不实。君主昏暗于上，臣子欺诈于下，不需多久就会灭亡，是相互使对方受害。周文王不是没有贵戚，不是没有子弟，不是没有私下宠信的人，却毅然在普通人中选拔重用姜太公，难道是私下喜欢他吗？他们有亲戚关系吗？文王姓姬，太公姓姜；他们有老交情吗？可之前两人素不相识。是因为姜太公长得帅吗？而当时太公已经七十二岁了，牙齿都掉得差不多了。之所以重用他，是文王要树立以能选人的原则，要彰显以能选人的名声，让天下都从中受益，而不是个人的行为。

2. 德不称位，能不称官，赏不当功，罚不当罪，不祥莫大焉。

——《荀子·正论》

【译文】品德跟他的地位不相称，能力跟他的官职不相称，赏赐跟他的功劳不相称，刑罚跟他的罪责不相称，没有比这些更不吉利的事情了。

（四）董仲舒

1. 且古所谓功者，以任官称职为差，非谓积日累久也。故小材虽累日，不离于小官，贤材虽未久，不害为辅佐。是以有司竭力尽知，务治其业而以赴功。今则不然，累日以取贵，积久以致官。是以廉耻贸乱①，贤不肖浑殽，未得其真。臣愚以为使诸列侯、郡守、二千石各择其吏民之贤者，岁贡二人以给宿卫。且以观大臣之能，所贡贤者有赏，所贡不肖者有罚。夫如是，诸吏二千石皆尽心于求贤，天下之士可得而官使也。遍得天下之贤人，则三王之盛易为，而尧、舜之名可及也。毋以日月为功，实试贤能为上，量材而授官，录德而定位，则廉耻殊路，贤不肖异处矣！

——《天人三策》

【注释】①贸乱：混乱。

【译文】古时候所谓有功之臣，是看他当官是否称职，不是指他担任官职的时间有多长。小有才能的人，虽然长期做官，总只能做个小官；能力超群者做官时间虽然不久，不妨碍他担任辅佐大臣，所以官员们殚精竭虑，履行好自己的职责以期有功。现在则不一样，凭资历可以得到重用，凭时间可以得到提拔，所以廉洁者与无耻者相混乱，贤能者与不肖者相混杂，难以分辨清楚。我以为让列侯、郡守、二千石的官员，每年推荐两名贤能之人，在宫禁中值宿，担任警卫。且根据推荐的人员来考察大臣的能力，推荐了贤能者则有赏，推荐了不肖者则有罚。如果是这样，那么二千石以上的官员都会用心去访求贤能之人，天下贤能之士都能进到官员队伍中来。天下贤能之士全都得到了任用，那么让国家像三王时期那样繁荣昌盛是很容易的，尧舜那样的荣誉也是可以达到的。不凭资历来定功劳，只看实际任职时是否贤能。根据他的才能来授官，根据他的品德来定位，那么廉洁者和无耻者就会分道扬镳，贤能者和不肖者就会泾渭分明。

2. 举贤良，进茂才，官得其能，任得其力。

——《春秋繁露》

【译文】推荐贤良之人，提拔才能优异者，官员们都能尽其所能，任事者都能竭尽全力。

（五）王符

王符：东汉思想家，字节信，甘肃镇原人。因不苟于俗，不求引荐，所以游宦不获升迁。于是愤而隐居著书，终生不仕。其书"以讥当时失得，不欲章显其名"，故将所著书名之为《潜夫论》。

工欲善其事，必先利其器。是故将致太平者，必先调阴阳；调阴阳者，必先顺天心；顺天心者，必先安其人；安其人者，必先审择其人。是故国家存亡之本，治乱之机，在于明选而已矣。圣人知之，故以为黜陟①之首。《书》曰："尔安百姓，何择非人？"此先王致太平而发颂声也。

——《潜夫论·本政》

【注释】①黜陟（chù zhì）：官吏的升降。黜：免官；陟：升官。

【译文】工匠要做好他的事情，必须先锋利他的工具。所以要让国家太平无事，必须先调和阴阳；调和阴阳，必须先顺从天意；顺从天意，必须先使百姓安宁；使百姓安宁，必须先谨慎地选择官吏。所以国家存亡的根本，治乱产生的原因，在于选拔官员的方法而已。圣人知道这一点，所以将选人当作考察官员最重要的事情。《尚书》中说："你要让百姓安宁，为什么没有选对人？"这是先王想要天下太平而发出的颂诗。

（六）李世民

1. 贞观元年，太宗谓房玄龄等曰："致治之本，惟在于审。量才授职，务省官员。故《书》称：'任官惟贤才。'又云：'官不必备，惟其人。'若得其善者，虽少亦足矣；其不善者，纵多亦奚为？古人亦以官不得其才，比于画地作饼，不可食也。《诗》曰：'谋夫孔多，是用不就①。'又孔子曰：'官事不摄，焉得俭②？'且'千羊之皮，不如一狐之腋③。'此皆载在经典，不能具道。当须更并省官员，使得各当所任，则无为而治矣。卿宜详思此理，量定庶官④员位。"玄龄等由是所置文武总六百四十员，太宗从之，因谓玄龄曰："自此傥有乐工杂类，假使术逾侪辈⑤者，只可特赐钱帛以赏其能，必不可超授官爵，与夫朝贤君子比肩而立，同坐而食，遣诸衣冠以为耻累。"

——《贞观政要·论择官》

【注释】①谋夫孔多，是用不就：意谓谋划的人太多，事情便难以成就。②官事不摄，焉得俭：出自《论语》，指管仲手下的官员从不兼职，不能称之为节俭。摄：兼，代理。③腋：腋窝，此处指毛皮。④庶官：各种官职。⑤侪（chái）辈：同辈。

【译文】贞观元年，唐太宗李世民对房玄龄等人说："治理国家的根本，唯在于谨慎选官。根据才能来授予官职，务必减省官员。所以《尚书》中说：'任官唯贤才。'又说：'设官不必完备无缺，唯在用人得当。'如果得到了好的官员，虽少也够了。如果官员没有能力，虽然多又有什么用呢？古人将选官选了没有才能的，比喻为画地作饼，可看不可吃。《诗经》中说：'谋划的人太多，事情便难以成就。'另外孔子说过：'官员不兼职管事，怎能称为节俭？'况且'一千张羊皮，抵不上一张狐狸皮'。这些都记载在经典上面，不能一一道来。应当裁减合并官职，使各司其职，那么便可无为而治了。你们应当仔细思考这个道理，确定各类官员的职数。"房玄龄等因此确定了文武官员六百四十人，太宗同意了他们的意见，并对房玄龄说："从今以后，如果谁有音乐、杂技等一技之长的，且技艺远超同辈，只能特别赏赐钱帛给他们，一定不能超越规矩而授予官爵。让他们和朝中贤能君子并肩而立，同桌吃饭，让朝中大臣们引以为耻。"

2. 贞观二年，太宗谓侍臣曰："朕每夜恒思百姓间事，或至夜半不寐，惟恐都督、刺史堪养百姓以否。故于屏风上录其姓名，坐卧恒看，在官如有善事，亦具列于名下。朕居深宫之中，视听不能及远，所委者惟都督、刺史，此辈实治乱所系，尤须得人。"

——《贞观政要·论择官》

【译文】贞观二年，唐太宗李世民对身边的大臣说："我每晚总是思考百姓们的事情，有时到半夜还睡不着，担心都督、刺史们能否胜任抚养百姓的职责。所以在屏风上面写下他们的姓名，让自己坐卧之间经常看到，一个官员如做了好事，也写在他的名字下面。我居住在深宫之中，远方的事情既听不到，又看不到，只能委托都督、刺史们，这些人实在是关系到国家的治乱安危，尤其要选择合适的人。"

3. 贞观二年，太宗谓右仆射封德彝曰："致安之本，惟在得人。比来命卿举贤，未尝有所推荐。天下事重，卿宜分朕忧劳，卿既不言，朕将安寄？"对曰："臣愚岂敢不尽情，但今未见有奇才异能。"太宗曰："前代明王使人如器，皆取士于当时，不借才于异代。岂得待梦傅说①，逢吕尚，然后为政乎？且何代无贤，但患遗而不知耳！"德彝惭赧而退。

——《贞观政要·论择官》

【注释】①傅说：殷商时期著名贤臣。商王武丁求贤，梦得圣人，醒来后画影图形，派人四处寻找，最终在筑城的人群中找到傅说，举以为相，国乃大治。

【译文】贞观二年，唐太宗李世民对右仆射封德彝说："国家安宁的根本，唯在得人。近来叫你推荐贤能，没看到推荐了谁。天下事多，你应当为我分忧分劳，你如果没有建议，我将依靠谁呢？"封德彝答道："我虽然愚笨，岂敢不尽职尽责，但现在没有发现有奇才异能的人。"太宗说："前代明君任人能像器物一样，各取所长，都是在当时的士人中进行选拔，不从别的朝代借用人才。难道要等到梦见傅说、碰到吕尚，才能治理国家吗？况且哪个朝代没有贤能之士，但忧虑有所遗失而不知道罢了。"封德彝很惭愧地退了出来。

4. 贞观六年，太宗谓魏征曰："古人云，王者须为官择人，不可造次即用。朕今行一事，则为天下所观；出一言，则为天下所听。用得正人，为善者皆劝；误用恶人，不善者竞进。赏当其劳，无功者自退；罚当其罪，为恶者戒惧。故知赏罚不可轻行，用人弥须慎择。"征对曰："知人之事，自古为难，故考绩黜陟，察其善恶。今欲求人，必须审访其行。若知其善，然后用之，设令此人不能济事，只是才力不及，不为大害。误用恶人，假令强干，为害极多。但乱世惟求其才，不顾其行。太平之时，必须才行俱兼，始可任用。"

——《贞观政要·论择官》

【译文】贞观六年，太宗对魏征说："古人说，君王必须为官择人，不能随便就予以任用。我现在做一件事情，便为天下人所看到；说一句话，便为天下人所听到。用了正直之人，那么积极向善的人都得到了鼓励；误用恶人，那么心性邪恶之辈会竞相争取提拔。赏赐得当，没有功劳的人自然会谦退；惩罚得当，邪恶之人自然会小心恐惧。所以赏罚不可随便使用，用人更要谨慎选择。"魏征回答道："知人这事，自古都难。所以根据业绩来升降官员，考察他的善恶品行。现在要发现人才，必须考察他的所作所为。如果知道他的品行好，然后授以官职，如果这个人不能胜任，只是能力不够，不会造成大的危害。误用恶人，如果这个人能力很强，为害极大。但是在乱世的时候，只看他的才干，不顾他的品行。太平年代，必须德才兼备，始可任用。"

（七）王安石

王安石：字介甫，号半山，抚州人，封荆国公，故又称王荆公。北宋杰出政治家、文学家、改革家，唐宋八大家之一。宋仁宗嘉祐三年上万言书，提出变法主张，实施富国强兵政策，力图改变宋初"积贫积弱"的局面，抑制官僚地主的兼并。宋神宗熙宁二年任宰相，推行变法。因保守派反对，新法遭阻碍，熙宁七年辞退。著有《王临川集》《临川集拾遗》等。

1. 国以任贤使能而兴，弃贤专己而衰。此二者必然之势，古今之通义，流俗之所共知也。何治安之世有之而能兴，昏乱之世虽有之亦不兴？盖用之与不用之谓矣。有贤而用，国之福也；有之而不用，犹无有也。商之兴也有仲虺、伊尹，其衰也亦有三仁①。周之兴也同心者十人，其衰也亦有祭公谋父、内史过。两汉之兴也有萧、曹、寇、邓之徒②，其衰也亦有王嘉、傅喜、陈蕃、李固之众。魏晋而下，至于李唐，不可遍举，然其间兴衰之世，亦皆同也。由此观之，有贤而用之者，国之福也；有而不用，犹无有也。

——《王文公文集·兴贤》

【注释】①三仁：指微子、箕子、比干。②萧、曹、寇、邓之徒：萧指萧何，曹指曹参，寇指寇恂，邓指邓禹。

【译文】国家因任贤使能而兴旺，因远离贤人、独断专行而衰败。这两种结果是势所必然，也是古今不变的通理，即使是普通民众也人所共知。为什么太平时代有贤能之人而能兴旺，昏乱之世虽有贤能之人而不能兴旺呢？因为存在用与不用的区别。贤能之人能得到任用，是国家之福；贤能之人得不到任用，跟没有是一样的。商朝兴旺的时候，有仲虺、伊尹，商朝衰败的时候也有三位仁人。周朝兴旺的时候同心者有十人，周朝衰败的时候也有祭公谋父、内史过。两汉兴旺的时候有萧何、曹参、寇恂、邓禹之徒，两汉衰败的时候也有王嘉、傅喜、陈蕃、李固这些人。魏晋以后，至于唐朝，类似的情形不胜枚举，这些朝代的兴衰更替，情况都是一样的。由此观之，贤能之人能得到任用，是国家之福；贤能之人得不到任用，跟没有是一样的。

2. 夫古之人有天下者，其所以慎择者，公卿而已。公卿既得其人，因使推其类以聚于朝廷，则百司庶物①，无不得其人也。今使不肖之人幸而至乎公卿，因得推其类聚之朝廷，此朝廷所以多不肖之人，而虽有贤智，往往困于无助，不得行其意也。且公卿之不肖，既推其类以聚于朝廷；朝廷之不肖，又推其类以备四方之任使；四方之任使者，又各推其不肖以布于州郡，则虽有同罪举官之科②，岂足恃哉？适足以为不肖者之资而已。

——《上仁宗皇帝万言书》

【注释】①百司：百官。庶物：众物。②同罪举官：被推荐的官员犯了法，推荐的官员也要连带受惩罚。科：法规。

【译文】古代那些拥有天下的人，特别谨慎选择的，只是朝廷的公卿。公卿选择得好，则通过相互推荐，让同一类人相聚于朝廷，各个部门的官职，都能够任用合适的官员。如果让不肖之人侥幸获得公卿的位置，通过相互推荐，让同一类人相聚于朝廷，因此朝廷就会有很多不肖之人。即使有贤能聪明之士，往往因得不到支持，不能伸展自己的抱负。况且公卿中的不肖之人，通过推荐同一类人相聚于朝廷；朝廷中的不肖之人，又推荐同一类人出使四方；出使四方的人，又各自推荐不肖之人出任州郡的官吏。虽然有被举者犯法、同罪举官的法规，这一条又哪里靠得住呢？恰好成为不肖之人互相推荐的凭借了。

（八）朱熹

1. 朱子曰："天下之事，决非一人之聪明才力所能独运。是以古之君子，虽其德业智谋足以有为，而未尝不博收人才，以自裨益。方其未用，而收置门墙，劝奖成就，已不胜其众。是以至于当用之日，推挽成就，布之列位，而无事之不成也。"

——《续近思录》卷八

【译文】朱子说："天下的事情，绝不是单靠一个人的聪明才智就能运作得了的。所以古代的君子，虽然他的品行能力智慧谋略都足以有所作为，却从不拒绝博收人才，以给自己提供帮助。在他没有得到任用时，则收为弟子，劝学奖励，成就学业，已是人才济济。所以及至受到重用之日，推荐挽留，任用官职，则没有什么事情做不成的。"

2. 朱子曰："古之君子有志于天下者，莫不以致天下之贤为急。而其所以急于求贤者，非欲使之缀缉①言语，誉道功德，以为一时观听之美而已。盖将以广其见闻之所不及，思虑之所不至，且虑夫处己接物之间，或有未尽善者，而将使之有以正之也。是以其求之不得不博，其礼之不得不厚，其待之不得不诚，必使天下之贤，识与不识，莫不乐自致于吾前以辅吾过，然后吾之德业，得以无愧乎隐微，而究极乎光大耳。"

【注释】①缀（zhuì）缉：编辑。

【译文】朱子说："古代君子有志于治理天下国家者，没有不以搜求天下贤者为急务。他们之所以急于搜求贤者，并不是要请他们来编书著文，歌功颂德，让自己的耳目感到一时高兴而已。其目的是扩大自己不曾了解的见闻，补充自己不曾考虑到的问题；并且担心自己待人接物之间，有做得不到位的地方，能给自己提出改正的意见。所以搜求贤者的范围不得不广，对待贤者的礼遇不得不隆重，接待贤者的态度不得不诚恳，一定要使天下的贤者，无论认识还是不认识，莫不乐于自己找上门来，以纠正我的过失，然后我成就的德业，既无愧于幽小细微的事情，又能最大限度地发扬光大。"

3. 朱子曰："夫杜门自夸①，孤立无朋者，此一介之行也。延纳贤能，黜退奸险，合天下之人以济天下之事者，宰相之职也。"

【注释】①自夸：自我欣赏。

【译文】朱子说："关起门来自我欣赏，独自一人无朋无友，这是一介书生的行为。引见接纳贤能之士，贬黜排斥奸险之徒，动员天下之人以成就天下的大事业，这是宰相的职责。"

第十二章

法治篇

一、导　读

普遍认为，儒家讲礼治，重德治，而轻法治，属于典型的人治。

儒家究竟是法治，还是人治，我们先得弄清什么是法治，什么是人治。

现代法治的概念，一是执政者必须依法办事；二是执政者的权力必须受到法律的限制。与法治相对应的，则是人治，人治的内核，要么无法可依，要么有法不依，执政者纯粹凭主观意愿处理政事，权力得不到任何其他因素的制约。

秦以前，儒家重礼治，这是不争的事实，但礼治并非就是人治，礼治与法治，更不是一种对立的关系。

儒家所提倡的"礼"，是一种制度化的礼仪，是国家制度的一个重要部分，所谓"礼，经国家，定社稷，序人民，利后嗣者也"，"夫礼者，所以定亲疏，决嫌疑，别同异，明是非也"。正如管子所说："礼义廉耻，国之四维，四维不张，国乃灭亡。"这里所谓的礼义，即是一种对人的行为具有较大约束作用的制度，具备一定法的性质。古罗马法学家西塞罗认为，在没有国家和法律的时候，自然法就已存在，成为人类正确行为的准则，以它的理性力量指示和禁止着人们行为的选择，理性是不成文的法律，法律则是成文的理性。先秦时期所谓的"礼"，即是人类理性在制度上的体现，或者可以说，礼治是法治的源头，是法治最初的表现形式。孔子所痛感的"礼崩乐坏"，不仅仅是指社会道德的滑坡，同样是指规则制度的丧失和崩溃。他所一心要恢复的"礼制"，即相当于今天所说的"法治"，希望重新靠规则制度来规范权力的运行和个人的言行举止。

儒家对于法治，自孔子始，即未予否定。孔子曾任职大司寇，本身即是一个执法的职务。只是孔子觉得，单纯依靠法律来治国，并不能维持社会的良好运行，必须在法的基础上，再用礼来规范人们的言行举止，使人们不是因为害怕法律，而是由衷地遵礼守法，不去做损人利己、违法犯罪的事情，即所谓"道之以政，齐之以刑，民免而无耻。道之以德，齐之以礼，有耻且格"。

可见，礼治并非人治，更不是不要法治。管仲历来被当作法家的主要代表人物，是古代中国最早提出依法治国的政治家，但管仲的很多执政理念，与儒家的主张如出一辙。管仲的很多执政措施，大都得到了孔子的赞许，并称之为"仁人"，而"仁人"是儒家评价一个政治家能够给予的最高的评价。

如果将礼治看成法治的一种方式，则可以说，中国是最早实行法治的国家，儒家是最早提倡依法治国的学派。

汉武帝"独尊儒术"之后，引入了德治的概念。

人们对德治同样存在一种误解，以为德治就是人治，提倡德治，即是对法治的否定。而实际上，德治是对礼治的继承和发展，它不仅未否定法治的重要性，而且是一种比法治更高层次的治理方式。按照柏拉图的说法，道德本身就是法律的一部分："法律是一切人类智慧聪明的结晶，包括一切社会思想和道德。"

所谓德治，一是执政者必须推行仁政，爱护百姓；二是执政者必须具备良好的道德修养，能够做到以身作则，不令而行，在道德上成为百姓的楷模。而且这个道德是千百年来人类约定俗成的一种行为准则，并非某一时某一地某一统治者个人意志的体现。

德治的最终目的，是让老百姓过上一种宽松富裕的生活，同时要通过教育，让百姓自觉遵守法律，减少冲突，避免犯罪。正如英国启蒙哲学家洛克在《政府论》一文中所说的："法律的目的不是废除或限制自由，而是保护和扩大自由"，"按其真正的含义而言，与其说是限制还不如说是指导一个自由而有智慧的人去追求他的正当利益，它与政治权力的目的在于保护社会成员的生命、权利和财产，不是支配他人生命与财产的绝对权力。"

德治是对人治的一种约束。在集权制下，执政者过于强烈的欲望极易给社会带来巨大的破坏作用，而德治所提倡的道德观对执政者的欲望无疑是一种巨大的约束，大大减少了执政者为所欲为的可能，同时也大大降低了暴政发生的概率。正如洛克在论述法律的作用时所认为的，法治的目的是反对权力的绝对与专断。所以，德治与人治，完全是两种相互对立的治理模式。

过去学术界普遍存在一个误解，认为儒家倡导"人治"，法家则倡导"法治"。但事实是，法家所倡导的"法治"，并非像现代法治所提倡的那样，要对君主的权力进行限制，而恰恰是为了更好地把权力集中到君主手中，"天下之事无大小皆决于上"，君主的权力不应受任何限制。其所谓的法，只是君主意志的体现，是为了更好地约束臣僚和普通百姓。而儒家所提倡的"德治"，则是为了把权力限制在道德和法的范围，而避免执政者纵情声色、为所欲为，做出逆天悖理、残害百姓的事情来。由此可见，儒家比法家，更接近于现代法治的理念。

今天之所以特别强调法治的重要，是在过去很长一段时间内，法治遭受到前所未有的破坏，法律机构形同虚设，国家宪法被束之高阁，法律制度变成了一纸空文，所谓"和尚打伞，无法无天"，无论是国家大政方针，还是普通民事纠纷，当权者均可凭一己之意愿作出决断。但这种"人治"并非中国所固有，而是从西方传入的一个政治概念，它与古代中国的"德治"完全是背道而驰的。"法治"在过去，从来就不是一个问题，因为在所有人的意识中，依法办事，是一件理所当然的事情。即便在推翻满清王朝时，孙中山提出"三民主义"，也并未感受到"法治"的迫切性。今天我们将"人治"的"帽子"戴在儒家思想的头上，实则是张冠李戴，大谬不然。

二、经典选读

（一）孔子

1. 道之以政，齐之以刑，民免而无耻。道之以德，齐之以礼，有耻且格。

——《论语·为政》

【译文】孔子说："用政令来引导，用刑法来规范，老百姓只求能免于犯罪不受惩罚，却没有廉耻之心；用道德来引导，用礼制来规范，老百姓不仅会有羞耻之心，而且能自我约束归于正道。"

2. 子曰："听讼，吾犹人也。必也使无讼乎！"

——《论语·颜渊》

【译文】孔子说："审理案件，我跟别人差不多。但关键是如何让天下人不再打官司。"

3. 善人为邦百年，亦可以胜残去杀①矣。诚哉是言也！

——《论语·子路》

【注释】①胜残去杀：感化残暴的人使其不再作恶，便可废除死刑。

【译文】善人治理国家，经过一百年，也就可以消除残暴、废除死刑了。的确是这样的啊。

4. 孟氏使阳肤为士师①，问于曾子。曾子曰："上失其道，民散久矣。如得其情，则哀矜而勿喜②。"

——《论语·子张》

【注释】①孟氏：孟孙氏，鲁国三桓之一；阳肤：曾子学生；士师：典狱之官。②如得其情，则哀矜而勿喜：如果审出了他们犯罪的情况，就应当怜悯他们，而不要自鸣得意。

【译文】孟孙氏让阳肤担任典狱官，向曾子请教。曾子说："执政者不能依道治国，民心早已离散。如果审出了他们犯罪的情况，就应当怜悯他们，而不要自鸣得意。"

5. 罪疑惟轻，功疑惟重。与其杀不辜，宁失不经①。

——《尚书·大禹谟》

现代儒家读本 ◉

【注释】①经：法律规定。不经，不按法规办理。

【译文】罪行轻重有疑时，宁可从轻处置；功劳大小有疑时，宁可从重奖赏。与其错杀无辜，宁犯执法不当的过失。

6. 刑期于无刑，民协于中①。

——《尚书·大禹谟》

【注释】①协：符合。中：规范。

【译文】刑罚的目的是不要使用刑罚，老百姓的行为都合于规范。

（二）左丘明

1. 郑子产有疾，谓子大叔①曰："我死，子必为政。唯有德者能以宽服民，其次莫如猛。夫火烈，民望而畏之，故鲜死焉。水懦弱，民狎而玩之，则多死焉。故宽难。"疾数月而卒。大叔为政，不忍猛而宽。郑国多盗，取人于萑苻之泽②。大叔悔之，曰："吾早从夫子，不及此。"兴徒兵以攻萑苻之盗，尽杀之，盗少止。仲尼曰："善哉！政宽而民慢，慢则纠之以猛。猛则民残，残则施之以宽。宽以济猛，猛以济宽，政是以和。"

及子产卒，仲尼闻之出涕，曰："古之遗爱也。"

——《左传·昭公二十年》

【注释】①子大叔：姬姓，名吉，字大叔，世人尊称其子大叔。郑国正卿，支持子产改革。②取：通"聚"；萑苻（huánfú）之泽：芦苇丛生的水泽，代表强盗出没的地方。

【译文】郑国子产患了重病，对大叔说："我死了，你必定会执掌政权。只有道德高尚者能以宽服民，其次莫如严刑峻法。火因为烧得猛烈，老百姓看见就怕，所以很少有被烧死的。水性柔软，老百姓喜欢在水中玩耍，溺水而死的却很多。所以用宽柔来治理民众是很难的。"子产几个月后病死了。大叔执政，不忍严刑峻法，而用宽柔之策来治理民众，以至盗贼蜂起，在芦苇丛生的水泽杀人越货。大叔很后悔，说："我要早听从子产说的，不至于到这种地步。"于是发动军队攻击强盗，将其全部消灭，局势才平息下来。孔子说："很好啊！政策太宽，则老百姓容易放纵无节制，放纵无节制则用严刑峻法来纠正。严刑峻法容易伤害百姓，伤害百姓则实施宽柔的政策。用宽柔来调和严厉，用严厉来调和宽柔，政事于是很和谐。"

子产死后，孔子听到消息，伤心得流下了眼泪，说："子产是古代传下来的仁爱之人。"

2. 善有章，虽贱赏也①；恶有衅②，虽贵罚也。

——《国语·鲁语上》

【注释】①善有章，虽贱赏也：善行昭彰，虽然地位低下也要予以奖赏。章，昭彰。②恶有衅：有罪恶的事端。衅，事端。

【译文】善行昭彰，虽然地位低下也要予以奖赏。恶行有端，虽然地位尊贵也要予以处罚。

（三）孟子

1. 孟子曰："离娄①之明，公输子②之巧，不以规矩，不能成方圆。师旷③之聪，不以六律，不能正五音。尧舜之道，不以仁政，不能平治天下。今有仁心仁闻，而民不被其泽，不可法于后世者，不行先王之道也。故曰：徒善不足以为政，徒法不足以自行。"

——《孟子·离娄上》

【注释】①离娄：黄帝时人，以视力好著称，能于百步之外看到秋毫之末。②公输子：鲁班。鲁国人，姓公输，名班，以善于制造奇巧的器械著称。③师旷：春秋时著名乐师。生而目盲，为晋大夫，博学多才，尤精音乐，善弹琴，辨音力极强。

【译文】孟子说："即使像离娄这样超群的视力，像鲁班这样的能工巧匠，不按照规矩办事，也做不成方形或圆形的器物。即使像师旷这样超群的听力，不按照六律的要求，也不能校正五音。即使像尧舜这样的帝王，不实施仁政，也不能治理好天下。现在统治者纵然有仁爱之心有仁爱之名，而老百姓享受不到他的恩泽，不能成为后世效法的榜样，是因为没有遵行先王的治国之道。所以说：单纯只有善心不足以治理好国家，单纯只有法令不能够让它自己发生效力。"

2. 上无道揆①也，下无法守也；朝不信道②，工不信度③；君子犯义，小人犯刑：国之所存者，幸也。故曰：城郭不完，兵甲不多，非国之灾也；田野不辟，货财不聚，非国之害也；上无礼，下无学，贼民兴，丧无日矣。

——《孟子·离娄上》

【注释】①道揆：准则，法度。②朝不信道：朝廷不相信道义。③工不信度：工匠不相信尺度。

【译文】统治者没有法度准则，臣民不遵守法律制度；朝廷不相信道义，工匠不相信尺度；君子背信弃义，小人触犯刑律；这样的国家能够存在，只是侥幸罢了。所以说：城墙不完备，武器不充足，不是国家的灾难；田地没有开垦，财富没有聚集，不是国家的祸害；统治者不守礼制，臣民不学无术，盗贼蜂起，国家灭亡指日可待。

（四）荀子

1. 礼者，法之大分，类①之纲纪也。

——《荀子·劝学》

【注释】①类：与法同义。

【译文】礼，是法制的前提，各种条例的总纲。

2. 百吏畏法循绳①，然后国常不乱。

——《荀子·王霸》

【注释】①绳：准绳，规矩。

【译文】百官敬畏法律，遵守规矩，国家才能经常保持稳定。

3. 有乱君，无乱国；有治人，无治法。羿之法非亡也，而羿不世中①；禹之法犹存，而夏不世王。故法不能独立，类不能自行，得其人则存，失其人则亡。法者，治之端也；君子者，法之原②也。

——《荀子·君道》

【注释】①羿之法非亡也，而羿不世中：后羿射箭的方法没有消失，却不能让世世代代的人都百发百中。②原：本原。

【译文】有造成动乱的君主，没有自行动乱的国家。有能治理好国家的人，没有能自动治理好国家的法律。后羿射箭的方法并没有失传，却不能让世世代代的人都百发百中。大禹制定的法律至今犹存，而夏朝却不能世世代代称王天下。所以法律不能独自存在，条例不能自动运行，遇到执行得好的人，法制就能存在；遇到执行不好的人，法制就会消失。法律，是治理国家的依据；而君子，是实施法制的本原。

4. 人君者，隆礼尊贤而王，重法爱民而霸，好利多诈而危，权谋倾覆幽险而亡。

——《荀子·强国》

【译文】作为君主，推崇礼制而又尊重贤人，就可以称王天下；重视法治而又爱护人民，就可以称霸诸侯；贪图利益多行诡诈就会危在旦夕；玩弄权术、颠覆破坏、阴暗险恶就会彻底灭亡。

5. 赏不欲僭①，刑不欲滥。赏僭则利及小人，刑滥则害及君子。若不幸而过，宁僭勿滥。与其害善，不若利淫②。

——《荀子·致士》

【注释】①僭（jiàn）：超越本分。②与其害善，不若利淫：与其伤害好人，不如让邪恶的人得利。淫，放纵邪恶之行。

【译文】赏赐不要超越本分，刑罚不要滥施淫威。赏赐超越本分，则有利于贪利的小人；刑罚滥施淫威，则会危害君子。如果不幸而超过了界限，宁可赏赐超越本分，而不能刑罚滥施淫威。与其伤害好人，不如让邪恶的人获利。

6. 今当试去君上之势，无礼义之化，去法正之治，无刑罚之禁，倚而观天下民人之相与也①。若是，则夫强者害弱而夺之，众者暴寡而哗之，天下悖乱而相亡，不待顷矣。

——《荀子·性恶》

【注释】①倚而观天下民人之相与也：站在一边观看天下民众的相互交往。

【译文】今天如果削去君主的权势，没有礼义的教化，废弃法治的管理，没有刑罚的制约，站在一旁观看天下民众的相互交往；如果是这样，力量强大者就会侵害、掠夺弱小者，人多势众者就会欺凌、压制人数稀少者，天下因为悖逆作乱而相继灭亡的局面，不需片刻就会出现。

（五）贾谊

贾谊：西汉初年著名政论家、文学家，河南洛阳人，世称贾生。汉文帝时任博士，迁太中大夫，受大臣周勃、灌婴等排挤，谪为长沙王太傅，故后世亦称贾长沙、贾太傅。三年后被召回长安，为梁怀王太傅。梁怀王坠马而死，贾谊深自歉疚，抑郁而亡，时仅 33 岁。代表作有《过秦论》《吊屈原赋》等。

夫礼者禁于将然之前，而法者禁于已然之后。是故法之所用易见，而礼之所为生难知也。若夫庆赏以劝善，刑罚以惩恶，先王执此之政，坚如金石，行此之令，信如四时；据此之公，无私如天地耳，岂顾不用哉？然而日礼云礼云者，贵绝恶于未萌，而起教于微眇，使民日迁善远罪不自知也。

——《陈政事疏》

【译文】礼的作用在于将某一行为制止在它发生之前，法律则是对已发生的行为进行惩罚。所以法律的作用十分明显，而礼的作用难于察觉。用赏赐来奖励善行，用刑罚来惩治罪恶，先王按此治理国家，坚如磐石，按此颁行政令，像季节的变化一样准确无误；根据这一原则的公正性，就像天地的无私一样，怎能不照此实行呢？然而，人们一再反复称赞礼的作用，最看重的是礼能将罪恶中止于萌芽状态，于细微之处推行教化，使老百姓在不自觉之中，一天天趋向善良，远离罪恶。

（六）司马迁

司马迁：字子长，陕西韩城人，西汉伟大的史学家、文学家、思想家，所著《史记》是中国第一部纪传体通史。年轻时，司马迁曾游遍全国名山大川，考察风俗，搜集传说。任太史令时因给投降匈奴的李陵辩护而遭腐刑。受刑后，司马迁忍辱负重，潜心著述，编成《史记》这一宏篇巨制，鲁迅称之为"史家之绝唱，无韵之离骚"。

上①行出中渭桥，有一人从桥下走出，乘舆马惊。于是使骑捕，属之廷尉②。廷尉奏当："一人犯跸，当罚金。"文帝怒曰："此人亲惊吾马，吾马赖柔和，令他马，固不败伤我乎？而廷尉乃当之罚金！"释之曰："法者，天子所与天下公共也。今法如此而更重之，是法不信于民也。且方其时，上使立诛之则已。今既下廷尉，廷尉，天下之平也，一倾而天下用法皆为轻重，民安所措其手足？唯陛下察之。"良久，上曰："廷尉当是也。"

——《史记·张释之冯唐列传》

【注释】①上：指汉文帝。②廷尉：官名，秦置，为九卿之一，掌刑狱。秦汉至北齐主管司法的最高官吏。

【译文】汉文帝经过中间的那座渭水大桥，有一个人突然从桥下走出来，使皇帝乘舆的马匹受到了惊吓。于是让侍卫抓住了这个人，交给廷尉张释之审理。

张释之上奏判决：“一个人冲撞了皇帝出行的车队，应当罚款。”汉文帝发怒道：“这个人惊吓了我的马，幸亏我的马性格柔和，如果换了其他马，岂不会摔伤我吗？而你竟然只罚款了事！”张释之说：“法律，是天子与天下人共同遵守的。现在法律是这样规定的，而加重处罚，是法律不能取信于民。况且当时抓住这个人的时候，皇帝让人马上杀掉他就算了。现在既然交给了廷尉，廷尉是守护天下公平的官职，一旦倾斜，那么天下执法的人都可以偏轻或偏重，老百姓岂不是将手足无措？望陛下仔细思考一下。”过了好久，汉文帝说：“廷尉的判决是对的。”

（七）王符

1. 且夫国无常治，又无常乱，法令行则国治，法令弛则国乱；法无常行，亦无常弛，君敬法则法行，君慢法则法弛。

——《潜夫论·述赦》

【译文】国家没有长期太平的，也没有长期动乱的。法律畅通则国家太平，法律废弛则国家动乱；法律没有长期畅通的，也没有长期废弛的，君主看重法律则法律畅通，君主怠慢法律，则法律废弛。

2. 行赏罚而齐万民者，治国也；君立法而下不行者，乱国也；臣作政而君不制者，亡国也。

是故民之所以不乱者，上有吏；吏之所以无奸者，官有法；法之所以顺行者，国有君也；君之所以位尊者，身有义也。义者君之政也，法者君之命也。人君思正以出令，而贵贱贤愚莫得违也，则君位于上，而民氓治于下矣。人君出令而贵臣骄吏弗顺也，则君几于弑，而民几于乱矣。

夫法令者，君之所以用其国也。君出令而不从，是与无君等。主令不从则臣令行，国危矣。

议者必将以为刑杀当不用，而德化可独任。此非变通者之论也，非救世者之言也。

——《潜夫论·衰制》

【译文】通过实行赏罚来规范百姓的行为，这是太平的国家；君主颁布了法律而不能实行，这是动乱的国家；臣子处理政事而君主控制不了，这是要灭亡的国家。

老百姓之所以不会乱来，是上面有官吏；官吏之所以不能胡作非为，是有法律；法律之所以能畅通无阻，是有君主；君主之所以得到尊重，是推行道义。道义是君主执政的基础，法律是君主意志的体现。君主按照公正的原则颁布政令，无论贵贱贤愚都不能违抗，那么君主高高在上，而百姓安居乐业。君主颁布政令，而贵臣骄吏不予执行，这样的君主接近于被谋杀了，而老百姓接近于叛乱了。

法令，是君主用来管理国家的手段。君主颁布政令而不服从，与没有君主是一样的。君主的政令无人服从，而臣子的命令却畅通无阻，国家很危险了。

议论政事的人认为刑罚应该放置一旁，可以单独实行德治。这不是开明通达者的观点，也不是匡救世弊者应该说的话。

（八）诸葛亮

尽忠益时者虽仇必赏，犯法怠慢者虽亲必罚，服罪输情者虽重必释，游辞巧饰者虽轻必戮。

——《三国志·蜀书·诸葛亮传》

【译文】能尽职尽责，有益于时代的人，虽然是仇人也一定要予以奖励；触犯法律怠慢政事的人，虽然是亲近之人也一定要予以处罚；诚心认罪伏法的人，虽然犯了重罪也给予宽大处理；花言巧语文过饰非的人，虽然犯罪很轻也要从重处罚。

（九）李世民

1. 贞观元年，太宗谓侍臣曰："死者不可再生，用法务在宽简。

古人云，鬻棺者欲岁之疫，非疾于人，利于棺售故耳。今法司核理一狱，必求深刻，欲成其考课。今作何法，得使平允？"谏议大夫王珪进曰："但选公直良善人，断狱允当者，增秩赐金，即奸伪自息。"诏从之。太宗又曰："古者断狱，必讯于三槐、九棘①之官，今三公、九卿，即其职也。自今以后，大辟罪皆令中书、门下四品以上及尚书九卿议之。如此，庶免冤滥。"由是至四年，断死刑，天下二十九人，几致刑措②。

——《贞观政要·论刑法》

【注释】①三槐：相传汉代宫廷外植有三棵槐树，三公上朝时面对三槐站立，便以此借指三公。九棘：古代群臣外朝之位，竖九棘为标志，以区分等级职位。②措：弃置。

【译文】贞观元年，唐太宗李世民对身边的大臣说："死者不可复生，执法务必宽简。古人说：卖棺材的人恨不得每年都发生瘟疫，不是对人心怀怨恨，只是有利于棺材的销售。现在审案的官员复核一宗案件，必定会十分苛刻，因为涉及对他的考核。应该颁布什么样的法律，才能做到公平合理呢？"谏议大夫王珪建议说："只选择公正善良、断案合情合理的人，增加对他们的赏赐，就不会有人弄虚作假了。"唐太宗听从了他的建议，下诏执行。唐太宗又说："古时候断案，一定要询问三槐、九棘之官，现在的三公、九卿，即是这样的职务。从现在起，判死刑的罪都让中书、门下四品以上的官员及尚书九卿共同讨论。这样做，大概能避免冤案。"从贞观元年至贞观四年，被判死刑的只有二十九人，几乎废弃了死刑。

2. 刑典仍用，盖风化未恰之咎。愚人何罪，而肆重刑乎？更彰朕之不德也。用刑之道，当审事理之轻重，然后加之以刑罚。何有不察其本而一概加诛，非所以恤刑重人命也。

——《旧唐书·刑法志》

【译文】之所以还要实行刑法，是以德化人还未落到实处。不懂法的人有什么罪责，而要肆加诛戮？更加彰显出我的德行不足。实施刑法，应当先弄清事情的轻重本末，然后再实行处罚。哪里有不推究事情的原委而一概判处死刑，这不是慎用刑罚关爱生命的做法。

（十）黄宗羲

即论者谓有治人无治法，吾以谓有治法而后有治人。自非法之法桎梏天下人之手足，即有能治之人，终不胜其牵挽嫌疑之顾盼；有所设施，亦就其分之所得，安于苟简，而不能有度外之功名。使先王之法而在，莫不有法外之意存乎其间。其人是也，则可以无不行之意；其人非也，亦不至深刻罗网，反害天下。故曰有治法而后有治人。

——《明夷待访录》

【译文】议论政事的人认为有能治理好国家的人，而没有能治理好国家的法律。我认为先有能治理好国家的法律，然后才有能治理好国家的人。自从不合法的法律禁锢天下人的手足，即使有能治理好国家的人，最终摆脱不了这些法律的牵制阻碍。有所作为，也只是在其职责范围，安于现状之下的简单动作，而难以取得意料之外的功名。假使先王的法律还在，没有不是在法律之外还存在着一种深意。遇到好的执政者，便可以使法律畅通无阻；遇到不好的执政者，也不至于苛刻罗网，危害天下。所以说先有能治理好国家的法律，然后才有能治理好国家的人。

第十三章

经济篇

一、导　读

儒家对于经济，有宏观与微观的区别。

在宏观上，儒家崇尚自然经济，倡导自由主义经济政策。在微观上，儒家崇尚道德经济，倡导以义取利的交易原则。

儒家自由主义经济政策表现在，一是主张私有经济。过去总认为儒家所主张的井田制是一种公有制。实则不然，井田制只是一种赋税制度，人们通过耕种公田来向国家交税，九块私田共一块公田，其税收比例大约相当于百分之十。井田制本质上仍然是土地私有。到了战国时期，因为礼崩乐坏，人心不古，导致公田荒芜，私田茂盛，国家得不到税收，于是从鲁国"初税亩"和商鞅变法开始，便逐渐地"废井田"，"开阡陌"，实行实物地租了。

二是主张藏富于民，反对与民争利。统治者的首要工作就在于如何使百姓富庶。富民政策即是承认老百姓拥有财富的权利，而且认为拥有财富是个人保持独立思想的前提，所谓"有恒产者始有恒心"。

三是儒家鼓励百姓"自强不息"，勤奋工作，鼓励人们通过自身努力来改变生活现状。几千年间，中国人勤劳不倦，代代相传，成为促进经济发展的原始动力。人们在改变现状的同时，也推动了社会向前发展。而两千多年后，亚当·斯密提出了类似的观点，每个人在努力追求财富的同时，也给社会增加了财富。

四是反对政府过多地干预老百姓的经济行为，主张"因民之所利而利之"，尤其倡导政府应"无为而治"，顺应经济发展的自然秩序。汉初儒生陆贾对这一政策解释得最为清楚："是以君子之为治也，块然若无事，寂然若无声，官府若无吏，亭落若无民，闾里不讼于巷，老幼不愁于庭，近者无所议，远者无所听，邮无夜行之卒，乡无夜召之征，犬不夜吠，鸡不夜鸣，耆老甘味于堂，

现代儒家读本 ●

丁男耕耘于野。"司马迁在《史记》中所描绘的"天下熙熙，皆为利来；天下攘攘，皆为利往"的景象，无疑是源于普通百姓的一种自发经济行为，而绝不可能是政府干预的结果。根据英国当代学者克拉克的考证，亚当·斯密《国富论》中的政治经济学思想是他在法国侨居期间形成的，他所用的"自由市场"这个概念，源自于法语的"自由放任"一词，而"自由放任"一词是由亚当·斯密的好友魁奈发明的，魁奈用这个词来指称中国哲学中所说的"道"，即"自然法则"。

五是主张轻徭薄赋，反对横征暴敛、盘剥百姓。轻徭薄赋是儒家自由主义经济政策的一个重要表现。因为政府的作为越少，则支出越少，人民的负担就会越轻；而如果政府作为过多，支出就会增加，人民的负担就会加重。

儒家的道德经济表现在，倡导先义后利，以义取利，反对唯利是图、损人利己。过去总认为儒家只重义，不要利，事实远非如此。孔子学生子贡，凭借自己的商业才能，富可敌国，孔子不仅未予批评，反而称赞他"亿则屡中"。而且孔子认为一个人如果在太平盛世，不能摆脱贫困，则是一件可耻的事情；一个人如果在动乱年代，不择手段地攫取财富，同样是一件可耻的事情。可见，儒家并非不要利，只是强调利的获得，必须通过合法的途径，采用正当的手段，所谓"君子爱财，取之有道"。

概括起来讲，儒家在宏观上主张先利后义，要求国家管理者必须先让老百姓富起来，再教老百姓遵守道义；在微观上则主张先义后利，要求参与经济交易的个人，先遵守道义，再谋取利益，尤其反对不当获利。儒家经济思想在唐代宰相刘晏的身上，可以说得到了最为充分的体现，唐朝"安史之乱"后，经济衰败，粮食短缺，财政艰难，刘晏通过改革漕运和盐政，在不增加税收的前提下，极大地提高了政府的财政收入，缓解了粮食危机。这么一位长期统领全国经济工作的儒家知识分子，到他因蒙受谗言而被抄家时，家中仅抄出图书两车，米麦数石而已。

过去总有一种观点认为，儒家重义轻利的思想阻碍了工商业和资本主义的发展，是造成近代中国落后于欧洲的主要原因。这显然是对儒家思想一个极大的误解。士农工商，一直是中国社会的四个主要阶层，商人虽然排在末位，但历朝历代多数时候都并没有刻意打压商业的发展。宋明时期，中国的商业经济一直处于世界领先地位。根据英国经济学家安格斯·麦迪森的统计，直到1820年，中国GDP仍占世界经济总量的32%，远远超过任何一个西方国家。在工业革命之前，中国商品在欧洲一直备受青睐，欧洲因为无法与中国竞争，不得不支付巨额白银购买中国商品。因此，直到鸦片战争爆发之前，中国对欧洲贸易都保持着巨额顺差。根据德国经济学家弗兰克估计，从16到18世纪，流入中国的白银占到世界白银产量的1/2。他在《白银资本》一书中认为："世界经济主要是以亚洲为基础的。在哥伦布和达·伽马之前的几个世纪里欧洲人就一直叫嚷着要归顺它。正是这个原因驱使着他们寻找实现这一目标的各种道路，尤其是最佳道路。但是，在这些欧洲开拓者之后的几个世纪里，欧洲人还是在十分艰难缓慢地爬行，勉强地搭上亚洲经济列车。他们只是到了19世纪才在车头找到了一席之地。"

与经济发展相对应的是，中国的生产技术也一直领先于欧洲，并且对欧洲的近代化起到了至关重要的促进作用。当时在中国普遍流行的冶铁技术、高效马具、水排、龙骨车、航海技术，都远在欧洲之上。《利玛窦中国札记》这样评价中国人："中国人是最勤劳的人民，他们中间大部分机械工艺能力都很强。他们有各种各样的原料，又有经商的才能，这两者都是形成机械工艺高度发展的有力因素。"说明到了明朝晚期，中国的机械工艺仍然领先于欧洲。

中国科技最突出的成就，无疑当数四大发明。欧洲人能走出欧洲，并在全球范围建立起无数的殖民地，将欧洲的诸多理念传播到世界各地，无疑得益于这四大发明。马克思在《经济学手稿》一文中说："火药、指南针、印刷术，这是预示着资本主义社会到来的三大发明。火药把骑士阶层炸得粉碎，指南针打开世界市场并建立殖民地，而印刷术变成新教的工具。"

英国科学史家贝尔纳认为，"中国许多世纪以来，一直是人类文明和科学的巨大中心之一。"李约瑟则认为，中国"在公元3世纪到13世纪之间，保持一个西方所望尘莫及的科学知识水平"。

二、经典选读

（一）孔子

1. 子适卫，冉有仆①。子曰："庶矣哉②。"冉有曰："既庶矣，又何加焉③？"曰："富之。"曰："既富矣，又何加焉？"曰："教之。"

——《论语·子路》

【注释】①仆：驾车。②庶矣哉：好多人啊。庶，众多。③又何加焉：下一步该怎么办。

【译文】孔子到了卫国，冉有驾车，孔子感叹道："好多人啊。"冉有问道："人口多了之后，下一步该怎么办呢？"孔子答道："让他们富裕起来。"冉有继续问道："富了之后，下一步该怎么办呢？"孔子答道："教育他们。"

2. 子曰："放①于利而行，多怨。"

——《论语·里仁》

【注释】①放（fǎng）：同仿，效仿，此处意为追求。

【译文】孔子说："一个人总是只顾及自己利益而行事的话，多半会招致他人的怨恨。"

3. 子曰："富与贵，是人之所欲也，不以其道得之，不处也。贫与贱，是人之所恶也，不以其道得之，不去也。"

——《论语·里仁》

【译文】孔子说："富与贵，是人人都想要得到的，不用正当的方法得到它们，是不能接受的。贫与贱，是人人都厌恶的，不用正当的方法摆脱它们，则安之若素。"

4. 子曰："富而可求也^①，虽执鞭之士，吾亦为之，如不可求，从吾所好。"

——《论语·述而》

【注释】①求：通过合理手段可以得到。

【译文】孔子说："如果富贵可以追求得到，虽然为人执鞭赶车，我也愿意去做。如果追求不到，则继续做我喜欢做的事情。"

5. 子曰："饭疏食^①，饮水，曲肱而枕之^②，乐亦在其中矣。不义而富且贵，于我如浮云。"

——《论语·述而》

【注释】①疏食：粗茶淡饭。②曲肱而枕之：弯着胳膊当枕头。肱（gōng），胳膊。

【译文】孔子说："粗茶淡饭，弯着胳膊当枕头，同样乐在其中。通过不当手段得来的富贵，对我来说就像天上的浮云一样。"

6. 季氏富于周公^①，而求也为之聚敛而附益之^②。子曰："非吾徒也。小子鸣鼓而攻之可也。"

——《论语·先进》

【注释】①周公：指周王室的公侯。②求：孔子弟子冉求。聚敛：积聚钱财，即搜刮。附益：增加。

【译文】季孙氏比周朝的公侯还要富裕，而冉求仍然为之搜括来增加他的财富。孔子说："他不是我的弟子，你们可以大张旗鼓地去讨伐他。"

7. 子曰："回也其庶乎^①，屡空^②。赐不受命^③，而货殖^④焉，亿^⑤

则屡中。"

———《论语·先进》

【注释】①回也其庶乎：颜回的道德学问，接近完善了。庶，庶几，接近。②屡空：经常贫困挨饿。空，空乏，贫困。③赐不受命：子贡不服从命运的安排。④货殖：做买卖。⑤亿：同"臆"，猜测，估算行情。

【译文】孔子说："颜回的道德学问，接近完善了，可是经常挨饿。子贡不服从命运的安排，从事商品买卖，对行情的预测却屡次都是对的。"

8. 孔子过泰山之侧，有妇人哭于墓者而哀。夫子轼而听之①，使子路问之曰："子之哭也，壹似重有忧者②。"而曰："然！昔者吾舅死于虎③，吾夫又死焉，今吾子又死焉！"夫子曰："何为不去也？"曰："无苛政。"夫子曰："小子识之，苛政猛于虎也。"

———《礼记·檀弓》

【注释】①轼：手扶车上横木。②壹似重有忧者：实在像特别有伤心的事情。③舅：公公。

【译文】孔子经过泰山脚下，遇到一个妇人在坟墓旁哭得很伤心。孔子扶着车轼听了一会，让子路前去问道："你这么痛哭，实在像是有特别伤心的事情。"妇人答道："以前我的公公死于老虎，我的丈夫又死了，现在我的儿子又死了！"孔子问道："为什么不搬走呢？"妇人答道："这里没有苛捐杂税。"孔子对弟子们说道："你们记着，苛捐杂税比老虎还要凶猛。"

9. 道得众则得国，失众则失国。是故君子先慎乎德，有德此有人，有人此有土，有土此有财，有财此有用。德者本也，财者末也。外本内末①，争民施夺②。是故财聚则民散，财散则民聚。

———《大学》

【注释】①外本内末：轻根本而重末事。②争民施夺：与民争利，巧取豪夺。

【译文】治国之道能获得民众的支持就能得到国家，失去民众的支持就会失去国家。所以君子首先要注重品德修养，有德就会有人，有人就会有土地，有土地就会有财富，有财富就能应付支出。德行是本，财富是末。轻根本而重末节，与民争利，巧取豪夺。所以说财富聚敛得多，就会失去民众的支持；财富分散在民众手中，就能得到民众的支持。

（二）孟子

1. 梁惠王曰："寡人之于国也，尽心焉耳矣。河内凶①，则移其民于河东，移其粟于河内。河东凶亦然。察邻国之政，无如寡人之用心者。邻国之民不加少②，寡人之民不加多。何也？"孟子对曰："王好战，请以战喻。填然鼓之③，兵刃既接，弃兵曳甲而走④，或百步而后止，或五十步而后止。以五十步笑百步，则何如？"曰："不可。直不百步耳⑤，是亦走也。"曰："王如知此，则无望民之多于邻国也。不违农时，谷不可胜食也。数罟不入洿池⑥，鱼鳖不可胜食也。斧斤以时入山林⑦，材木不可胜用也。谷与鱼鳖不可胜食，材木不可胜用，是使民养生丧死无憾也⑧。养生丧死无憾，王道之始也。五亩之宅，树之以桑，五十者可以衣帛矣⑨。鸡豚狗彘之畜，无失其时，七十者可以食肉矣⑩。百亩之田，勿夺其时，数口之家，可以无饥矣。谨庠序之教⑪，申之以孝悌之义，颁白者不负戴于道路矣⑫。七十者衣帛食肉，黎民不饥不寒，然而不王者，未之有也。狗彘食人食而不知检⑬，途有饿莩而不知发⑭，人死，则曰：非我也，岁也。是何异于刺人而杀之，曰：非我也，兵也。王无罪岁，斯天下之民至焉。"

——《孟子·梁惠王上》

【注释】①凶：灾荒。②不加少：不见减少。加，更。③填然：鼓声。④弃兵曳甲：丢掉兵器，拖着盾甲。⑤直不百步耳：只是没有一百步罢了。⑥数（cù）罟（gǔ）：细密的鱼网。洿（wū）池：水塘。⑦斧斤以时入山林：如果按季节拿着斧头入山砍伐树木。斤，砍伐树木的斧头。⑧养生丧死：子女对父母的赡养和殡葬。⑨五十者可以衣帛矣：五十岁的人就可以穿丝织的衣服了。⑩ 七十者可以食肉矣：七十岁的人就可以经常吃到肉了。⑪ 谨庠序之教：加强地方学校的教育。谨，加强；庠序，地方学校。⑫ 颁白者不负戴于道路矣：头发斑白的老人就不会背负重物在路上行走了。戴，背负重物。⑬ 检：约束，制止。⑭ 发：打开，开仓赈济。

【译文】梁惠王说："我对于国家，可以说是尽心尽力了。河内发生灾荒，则将民众迁移到河东，将粮食运送到河内。河东灾荒的时候也是这样。考察邻国的政治，没有像我这么用心的。邻国的民众不见减少，魏（梁）国的民众不见增多，这是为什么呢？"孟子回答道："大王喜欢战争，请允许我用战争来作比喻。当擂动战鼓的时候，军队已发生交战，可士兵们却丢掉兵器，拖着盾甲逃走，有的后退了一百步，有的后退了五十步，后退五十步的嘲笑后退一百步的，可以吗？"梁惠王说："不可以。只是不到一百步，同样是逃走。"孟子说："大王如果知道这一点，就不要指望魏国的民众能比邻国增多了。不耽误耕种季节，粮食将多得吃不完。过于细密的鱼网不入池塘，鱼鳖将多得吃不完。如果按季节拿着斧头入山砍伐树木，木材将多得用不完。粮食和鱼鳖多得吃不完，木材多得用不完，这样可使老百姓对父母的赡养和殡葬就不会有遗憾了。赡养和殡葬没有遗憾，这是王道的开始。在住宅周围五亩的范围，栽上桑树，五十岁以上的人就可以穿丝织的衣服了。饲养家禽家兽，不耽误配种，七十岁以上的老人就可以经常吃到肉了。百亩农田，不耽误节气，数口之家，就不会挨饿了。加强地方学校的教育，弘扬孝悌的意义，头发斑白的老人就不会背负重物在路上行走了。七十岁以上的老人能穿丝织衣服，经常吃到肉，老百姓不饥不寒，这样还不能称王，是从来没有过的。猪狗吃人食而不予以制止，路上饿死了人而不知开仓赈济。饿死了人，则说这不是我的原因，是年岁不好。这就跟用兵器刺杀了人，然后说不是我杀的，是兵器杀的一样。大王不怪罪年岁不好，那么天下的百姓就会归附你了。"

2. 孟子曰："尊贤使能，俊杰在位，则天下之士皆悦，而愿立于其朝矣；市，廛而不征①，法而不廛②，则天下之商皆悦，而愿藏于其市矣；关，讥而不征③，则天下之旅皆悦，而愿出于其路矣；耕者，助而不税④，则天下之农皆悦，而愿耕于其野矣；廛，无夫里之布⑤，则天下之民皆悦，而愿为之氓矣⑥。信能行此五者，则邻国之民仰之若父母矣。率其子弟，攻其父母，自有生民以来未有能济者也⑦。如此，则无敌于天下。无敌于天下者，天吏也。然而不王者，未之有也。"

——《孟子·公孙丑上》

【注释】①廛而不征：给商人提供储藏货物的场地，而不征税。廛，本指住宅，此处指储藏货物的货栈。②法而不廛：依法收购长期积压于货栈的货物。③讥而不征：只稽查不征税。讥，询查。④助而不税：只帮助种公田而不再收税。⑤廛，无夫里之布：作为居民，没有各种苛捐杂税。夫布、里布，当时的税收名称，相当于土地税、劳役税。⑥氓：迁居过来的移民。⑦率其子弟，攻其父母，自有生民以来未有能济者也：如果有谁要来攻击这个国家，就好像是率领一帮子弟去攻击他们的父母一样，自古以来没有过成功的先例。

【译文】孟子说："尊贤任能，俊杰在位，那么天下的读书人都会很高兴，而愿意在这样的朝廷做官；市场上给商人提供储藏货物的场地而不征税，依法收购长期积压于货栈的货物，那么天下的商人都会很高兴，而愿意到这个市场上来做生意；设立关卡只稽查而不征税，那么天下的旅客都会很高兴，而愿意到这个地方来旅行了；对耕种土地的农民，只需耕种公田而不再收税，那么天下的农民都会很高兴，而愿意到这样的农村来耕地了；作为居民，没有各种苛捐杂税，那么天下的老百姓都会很高兴，而愿意迁居到这里来生活。能实实在在地做到这五点，那么邻国的老百姓将把您当作父母一样仰视。如果有谁要来攻击这个国家，就像是率领一帮子弟去攻击这个国家百姓的父母一样，自古以来没有过成功的先例。能做到这一点，就能无敌于天下。无敌于天下，等于上天派来的官吏，这样还不能称王于天下，是从来没有过的。"

3. 滕文公问为国①。孟子曰："民事，不可缓也②。《诗》云：'昼尔于茅，宵尔索绹，亟其乘屋，其始播百谷③。'民之为道也，有恒产者有恒心④，无恒产者无恒心。苟无恒心，放辟邪侈，无不为已。及陷乎罪，然后从而刑之，是罔民也。焉有仁人在位，罔民而可为也？阳虎曰：'为富不仁矣，为仁不富矣。'夏后氏五十而贡⑤，殷人七十而助⑥，周人百亩而彻⑦。其实皆什一也。彻者彻也，助者藉也。龙子曰：'治地莫善于助，莫不善于贡。贡者校数岁之中以为常⑧，乐岁粒米狼戾⑨，多取之而不为虐，则寡取之。凶年粪其田而不足⑩，则必取盈焉。为民父母，使民盻盻然⑪，将终岁勤动，不得以养其父母，又称贷而益之⑫，使老稚转乎沟壑，恶在其为民父母也？'"

——《孟子·滕文公上》

【注释】①滕文公：滕国国君，在位时根据孟子意见，推行仁政，兴办学校，改革赋税制度。一时名声大震，善国之名远扬，自愿来滕国定居者络绎不绝。②民事，不可缓也：老百姓的事情，是不能拖延的。③昼尔于茅，宵尔索绹，亟其乘屋，其始播百谷：白天割茅草，晚上编绳索，抓紧修缮房屋，及时播种五谷。茅，作动词用，割茅草；索绹（táo），搓绳。乘，修缮。④有恒产者有恒心：有稳定持续的收入和财产，才会有稳定持续的生活理念。⑤夏后氏五十而贡：夏代一个农民授田五十亩，按收成的百分之十以为贡。贡，纳贡，贡献。⑥殷人七十而助：商代始为井田之制，每块地画为九区，每区七十亩，中为公田，四周为私田，农民助耕公田以代交税。⑦周人百亩而彻：周代每人分田一百亩，按收成的十分之一收税。彻，按十分之一收税。⑧贡者校数岁之中以为常：贡税是将几年收成的平均数作为基数不变。⑨粒米狼戾（lì）：谷粒满地都是。狼戾，即"狼藉"。⑩粪其田而不足：播种而种子不足。粪，同"播"。⑪盻（xī）盻然：劳苦不息的样子。⑫称贷：举贷，借贷。

【译文】滕文公问怎么治理国家。孟子答道："老百姓的事情，不可拖延。《诗经》中说：'白天割茅草，晚上编绳索，抓紧修缮房屋，及时播种五谷。'老百姓立身处世之道，有稳定持续的收入和财产，才会有稳定持续的生活理念，没有稳定持续的收入和财产，就不会有稳定持续的生活理念。如果没有稳定持续的生活理念，就会放纵作恶，无所不为。等到违法犯罪，就予以判刑，这是欺骗陷害老百姓。哪里有仁德之人在位，而欺骗陷害老百姓的呢？阳虎说过：'为富不仁，为仁不富。'夏代一个农民授田五十亩，按收成的百分之十纳贡；殷代一个农民授田七十亩，助耕公田以代交税；周代一个农民授田一百亩，按收成的十分之一交税。三个朝代的税收都是十分之一。彻，就是按收入的十分之一收税；助，就是借助民力耕种公田。龙子说：'管理土地没有比助法更好的了，没有比贡法更不好的了，贡税是将几年收成的平均数作为基数不变。丰收的这一年谷粒满地都是，多收一点税并不过分，而实际收得不多。歉收的这一年连种子都不够，可是税收一点不少。作为老百姓的父母，让老百姓不得安息，终年劳累，却不能抚养他们的父母，又通过借贷而加重他们的负担，使老弱儿童四处流亡，死于沟壑之中，这哪里是作为老百姓的父母呢？'"

4. 孟子曰："易其田畴①，薄其税敛，民可使富也。食之以时，用之以礼，财不可胜用也。民非水火不生活，昏暮叩人之门户，求水火，无弗与者，至足矣。圣人治天下，使有菽粟如水火。菽粟如水火，而民焉有不仁者乎？"

——《孟子·尽心上》

【注释】①易：整治，耕种。

【译文】孟子说："整治田地，少收赋税，可让老百姓富裕起来。按时食用，依礼消费，财富就会用之不尽。老百姓没有水、火不能生活，晚上敲门去向人求借水、火，没有不给的，因为非常充足。圣人治理天下，让粮食多如水、火。粮食像水、火一样充足，老百姓哪里会不讲仁德呢？"

5. 孟子曰："周于利者凶年不能杀①；周于德者邪世不能乱。"

——《孟子·尽心下》

【注释】①周于利者凶年不能杀：能够处处考虑利益的人，荒年也不会饿死。周，周密，处处。杀，饿死。

【译文】孟子说："能够处处考虑利益的人，荒年也不会饿死。能够处处考虑德行的人，乱世也不会感到迷惑。"

（三）荀子

1. 先义而后利者荣，先利而后义者辱。

——《荀子·荣辱》

【译文】先考虑道义，后考虑利益，就能得到荣耀；先考虑利益，后考虑道义，就会得到耻辱。

2. 足国之道：节用裕民，而善臧其余。节用以礼，裕民以政。彼裕民，故多余①。裕民则民富，民富则田肥以易②，田肥以易则出实百倍。上以法取焉，而下以礼节用之。余若丘山，不时焚烧，无所臧之。夫君子奚患乎无余？故知节用裕民，则必有仁圣贤良之名，而且有富厚丘山之积矣。此无他故焉，生于节用裕民也。不知节用裕民则民贫，民贫则田瘠以秽，田瘠以秽则出实不半；上虽好取侵夺，犹将寡获也。而或以无礼节用之，则必有贪利纠譑之名③，而且有空虚穷乏之实矣。此无他故焉，不知节用裕民也。

——《荀子·富国》

【注释】①彼裕民，故多余：因为实行富民政策，财富就多有盈余。②易：治理，耕治。③纠譑（jiǎo）：收取。纠，收；譑，取。

【译文】国家富足之道：节约支出，让百姓富裕，并且善于储备那些节余的东西。节约支出靠礼制，富裕百姓靠政治。因为实行富民政策，财富就多有盈余。实行富民政策，百姓就会富裕；百姓富裕则田地肥沃易于耕治，田地肥沃易于耕治则产出百倍于平时。君主靠制度来收税，下面的人靠礼制来节约支出。多余的东西像山丘一样，不时烧掉，不需要储藏。君子何必担忧没有节余呢？所以知道节约支出，富裕百姓，一定会获得仁圣贤良的名声，而且有像山丘一样堆积的财富。这没有其他的原因，来源于节约支出，富裕百姓。不知节约支出，富裕百姓，百姓贫穷则田地荒芜，田地荒芜则产出不到平时的一半；君主虽然喜欢搜括，仍将所得无几。假如又不以礼来节约支出，则一定会有贪得无厌的名声，而实际上又空虚穷乏。这没有

169

其他的原因，不知道节约支出、富裕百姓。

（四）刘安

刘安：汉高祖刘邦之孙，淮南王。博学善文辞，好鼓琴，才思敏捷，以藏书知名。刘安爱贤若渴，礼贤下士，淮南国都寿春一时成了文人荟萃的文化中心。他广招宾客术士数千人，编成学术巨著《淮南子》。后以谋反事发自杀。刘安是世界上最早尝试热气球升空的实践者，还曾在寿春北山筑炉炼丹，偶成豆腐，刘安因之被尊为豆腐鼻祖。

治国有常，而利民为本。

——《淮南子·氾论训》

【译文】治国之道是永恒不变的，以利民为本。

（五）司马迁

故待农而食之，虞而出之①，工而成之，商而通之。此宁有政教发征期会哉②？人各任其能，竭其力，以得所欲。故物贱之征贵，贵之征贱③。各劝其业，乐其事，若水之趋下，日夜无休时，不召而自来，不求而民出之。岂非道之所符，而自然之验邪？

——《史记·货殖列传》

【注释】①虞：虞人，掌管山泽的官吏。②此宁有政教发征期会哉：这难道是有政教措施把他们召集到一起吗？③故物贱之征贵，贵之征贱：物价低贱时，预示着会涨价；物价昂贵时，预示着会降价。征，征兆，预示。

【译文】所以靠农民获得粮食，靠虞人获得各种作物，靠工人做成器具，靠商人流通商品。这难道是有政教措施把他们召集到一起吗？人人都各尽所能，竭尽心力，以得到他想要的。所以物价低贱时，预示着会涨价；物价昂贵时，预示着会降价。

各人都勤劳敬业，乐于他的工作，就像水流向下，昼夜不停，不召而自来，不求而百姓会主动生产。这难道不是符合天道、与自然法则合而为一的吗？

（六）李世民

1. 贞观十六年，太宗以天下粟价率计斗值五钱，其尤贱处，计斗值三钱。因谓侍臣曰："国以民为本，人以食为命。若禾黍不登，则兆庶非国家所有。既属丰稔若斯，朕为亿兆人父母，唯欲躬务俭约，必不辄为奢侈。朕常欲赐天下之人，皆使富贵，今省徭赋，不夺其时，使比屋之人恣其耕稼，此则富矣。敦行礼让，使乡闾之间，少敬长，妻敬夫，此则贵矣。但令天下皆然，朕不听管弦，不从畋猎，乐在其中矣！"

——《贞观政要·论务农》

【译文】贞观十六年，唐太宗因为天下粟米价格大都一斗只值五个铜钱，特别便宜的，只值三个铜钱。因此对身边的大臣说："国家以百姓为根本，百姓以粮食为生命。若粮食没有收成，则百姓就不再为国家所有了。现在既然像这么丰收了，我身为百姓父母，只希望厉行节俭，一定不能动辄奢侈无度。我常常想赐予天下之百姓，人人都富贵尊荣。现在减少徭役，不耽误他们农耕的时间，使家家户户都能尽心耕种，这就能让他们富裕了。倡导礼让谦和之风，使人与人之间，少敬长，妻敬夫，这就能让他们感到尊贵了。如果能让天下都做到这一点，即使我不听音乐、不去打猎，也乐在其中了。"

2. 贞观二年，太宗谓黄门侍郎王珪曰："隋开皇十四年大旱，人多饥乏。是时仓库盈溢，竟不许赈给，乃令百姓逐粮。隋文不怜百姓而惜仓库，比至末年，计天下储积，得供五六十年。炀帝恃此富饶，所以奢华无道，遂致灭亡。炀帝失国，亦此之由。凡理国者，务积于人，不在盈其仓库。古人云：'百姓不足，君孰与足？'但使仓库可备凶年，此外何烦储蓄！后嗣若贤，自能保其天下；如其不肖，多积仓库，徒益其奢侈，危亡之本也。”

——《贞观政要·辨兴亡》

【译文】贞观二年，唐太宗对黄门侍郎王珪说：“隋开皇十四年大旱，很多人饥饿无力。当时仓库粮食充足，竟然不同意开仓赈济，乃下令让百姓自己去找粮食。隋文帝不爱惜百姓而爱惜仓库，等到了隋朝末年，总计天下储藏的粮食，可吃五六十年。隋炀帝凭借这么充足的财富，所以奢侈放纵，不遵法度，遂致灭亡。隋炀帝失去国家，也可从这里找到根由。凡是治理国家的人，务必让百姓富足，而不是藏满仓库。古人说：‘百姓不富足，君主又怎么能富足呢？’但使仓库能防备灾年就可以了，此外何必过多储蓄？继位的人如果贤明，自能保有天下；如果没有能力，过多储蓄，反而会促使他奢侈无度，这是国家危亡的根本。”

（七）王安石

1. 因天下之力以生天下之财，取天下之财以供天下之费，自古治世未尝以不足为天下之公患也，患在治财无其道耳。今天下不见兵革之具，而元元安土乐业，人致己力，以生天下之财。然而公私常以困穷为患者，殆以理财未得其道，而有司不能度世之宜而通其变耳。

——《王文公文集·上仁宗皇帝言事书》

【译文】依靠天下人的力量来生产天下的财富，依靠天下的财富来供应天下的支出，自古太平盛世未尝担忧天下的用度不足，只担忧理财的方法不得要领。现在天下不需为战争准备武器，而百姓安居乐业，人人都在尽自己的努力，以生产天下的财富。然而无论国家还是个人常常为贫困而烦恼，大概是因为理财的方法不得要领，而官员们不能根据形势的变化而变通政策的实施。

2. 聚天下之人，不可以无财；理天下之财，不可以无义。夫以义理天下之财，则转输劳逸不可以不均，用途之多寡不可以不通，货贿之有无不可以不制，而轻重敛散之权不可以无术。

——《王文公文集·乞制置三司条例》

【译文】凝聚天下的人心，不能没有财富；经营天下的财富，不能不讲道义。以道义经营天下的财富，则运输时付出的劳动不可以不均衡，各地货物多少不一不可以不流通，有无足够的货币不可以不控制，而经营买卖的平衡不可以束手无策。

3.盖制商贾者恶其盛，盛则人去本者众；又恶其衰，衰则货不通。故制法以权之，稍盛则廛而不征，已衰则法而不廛。

——《王文公文集·答韩求仁书》

【译文】大概控制商业的人，都厌恶商业过于昌盛，过于昌盛则不事生产的人会很多；又厌恶商业过于衰落，过于衰落则货物不流通。所以政策上要采取平衡的手段，稍微好一点，则给商人提供储藏货物的场地，而不征税；已经衰落了，则依法收购长期积压的货物。

（八）胡宏

胡宏：字仁仲，号五峰，人称五峰先生，福建崇安人。北宋末期著名经学家胡安国少子，湖湘学派创立者。曾拒秦桧征召，终身不仕。一生矢志于道，曾说："道学衰微，风教大颓，吾徒当以死自担"。著作主要有《知言》《皇王大纪》和《易外传》等。

一身之利无谋也，而利天下者则谋之；一时之利无谋也，而利万世者则谋之。

——《知言》卷三

【译文】一个人的利益不去关心，而有利于天下的事则去积极谋划。一时的利益不去关心，而有利于千秋万代的事则去积极谋划。

（九）张居正

张居正：字叔大，号太岳，湖北江陵人，明代著名改革家。万历年间，任首辅，主持朝政达十年之久，推行"考成法"，严厉整肃吏治；改变赋税制度，推行"一条鞭法"，使政府财政大为改善；用名将戚继光、李成梁等练兵，加强边镇防务。张居正病死后，同年即遭弹劾，儿子被流放，数十名家人被围困饿死。

张子曰：余尝与周子论始所建榷①，及后稍异者，其略曰，古之为国者使商通有无，农力本穑。商不得通有无以利农则农病，农不得力本穑以资商则商病。故商农之势常若权衡然，至于病乃无以济也。异日者富民豪族莫肯视农，农夫藜藿不饱，而大贾持其盈余役使贫民，执政者患之，于是计其贮积稍取奇羡以佐公家之急②，然多者不过数万，少者仅万余。亦不必取盈焉，要在摧抑浮淫，驱之南亩。自顷以来，外筑亭障缮边塞以捍骄虏，内有宫室营建之费，国家费用率数百万。天子旰食③，公卿心计，常虑不能殚给焉。于是征发繁科，急于救疗，而榷使亦颇鸷益赋，以希意旨，赋或溢于数矣。故余以为，欲物力不屈，则莫若省征发以厚农而资商；欲民用不困，则莫若轻关市以厚商而利农。

—— 《张居正集·赠周汉浦榷竣还朝序》

【注释】①周子：周汉浦，明代工部官员。榷，专卖。②奇羡：盈余，积存的财物。③旰（gàn）食：政事繁忙，不能按时吃饭。

【译文】张子说：我曾经与周汉浦讨论过初营专卖及后来发生变化的情况，大略是这样的，古代治理国家的人使商人互通有无，使农民努力耕种土地。商人不能互通有无以促进农业生产，那农业生产就会出问题；农民不能努力生产以提供商品，则商业流通就会出问题。所以商业和农业就像天平一样，一方出问题就会影响另一方。到后来富家豪族不肯重视农业，农民连野菜都吃不饱，而富商大贾靠囤积的粮食驱使贫民，当权者担心这样的现象，于是根据商人的囤积稍微征取一点盈余以济公家之急，多的时候不过数万担，少的时候不过一万多担。也不必征收得太多，关键是压制虚浮的习气，诱导更多的人努力耕种土地。近来，对外修筑屏障完善边塞设施以抵御强悍的敌人，对内营造宫室，国家的支出大概有数百万之多。天子忙得不能按时吃饭，公卿考虑这件事情，常常担心不能尽其所有。于是征调繁多，急于救疗，而负责专卖的官员也强行增加税收，以迎合天子的意图，征税有时超过了正常的比例。所以我认为，要想物力不穷，则莫如省减征调保护农业，以资助商业；要想百姓生活不困难，则莫如降低关税保护商业，以促进农业生产。

（十）唐甄

立国之道无他，惟在于富。自古未有国贫而可以为国者。夫富在编户，不在府库。若编户空虚，虽府库之财积如丘山，实为贫国，不可以为国矣。

——《潜书·为政》

【译文】治理国家的方法没有别的途径，唯有致富。自古没有国家贫困而能够治理好国家的。而富在百姓，不在政府的仓库。若百姓贫穷，虽仓库中的财富堆积如山，实际上还是穷国，不能够很好地治理国家。

第十四章

军 事 篇

一、导　读

　　"兵者，凶器也，圣人不得已而用之。"中国人几千年来一直视战争为不祥之事，无论儒、道、墨，都对战争持反对的态度。老子认为"师之所处，荆棘生焉，大军之后，必有凶年"；孟子认为"春秋无义战"；墨家则以"非攻"闻名于世。

　　19世纪以来，世界性的大规模战争，几乎都是由西方国家发动的，而一部欧洲史，则几与战争史无异。中国历史上虽也经常发生战争，但这种战争大都是内部的，是人民反抗专制独裁而引起的，或者是抵抗外族入侵的。由国家发动的对外侵略战争，则几乎可以忽略不计。

　　在中国历史上，除了秦朝出现过短暂的尚武精神之外，其他大多数时候，士兵与军队都处于一种从属的地位。甚至在中国传统的四大阶层——士农工商中，都没有一个专属于士兵的阶层。中国历史上著名的军事将领，大多具有深厚的人文修养，即便像项羽这样不可一世的鲁莽武夫，也能在临死前吟出一首流传千古的诗篇来。而欧洲，在很长一段时间内，骑士属于一个十分重要的阶层，在政治生活中起着至关重要的作用。头戴羽饰、腰插佩剑的骑士装扮，在1000多年中一直是欧洲社会高贵的象征。

　　中国人发明了火药，只是用来制作花炮，一直备受西方人的嘲弄和国人的指责。但反过来可以这么说，中国人的心思从来就没有放在战争和征服上面。而在西方，许多最先进的科技发明，都是首先应用在军事上。对于现代人来说，如果核裂变也像中国人发明的火药一样，只是应用于工业能源，该是一件多么美好的事情啊！

　　19世纪，欧洲人普遍认为战争是推动历史进步的工具。德国是两次世界大战的发动者，也是战争精神的崇拜者。黑格尔宣称战争具有十分崇高的意义，可以使一个民族永葆生机，"文明民族"应该通过战争来征服"落后民族"。尼采则认为，战争可以使道德升华，可以获得权力意志，可以淘汰弱者，甚至说"你们应当追杀你们的仇敌，你们应当举行你们的战争，而且为你们的思想而战"。在这些思想家的鼓吹之下，不少德国人认为："德国之所以伟大，武力与战争是其唯一源泉。"

近代欧洲列强，凭借其强大的军事实力，几乎瓜分了整个世界。到20世纪初，除了中国、日本、土耳其、埃塞俄比亚等几个国家勉强维持独立之外，世界绝大部分地区都变成了欧洲列强的殖民地。尤其是英国，号称"日不落帝国"，其殖民地几乎遍及世界的每一个角落。可是，靠战争获得的霸权，最终也在战争中失去。两次世界大战，是对欧洲霸权致命的一击。这一击并非来自它所统治的地区和人民，而是因为欧洲内部相互争夺、相互攻击的结果。

历史学家斯塔夫里阿诺斯写道："欧洲用了四个世纪才建立起世界范围的统治，而时间仅仅过去40年，这种统治就土崩瓦解了。这一瓦解过程开始于第一次世界大战，而到第二次世界大战结束后又加快了步伐。"两千多年前，中国人就已经发现了一句至理名言："国虽大，好战必亡。"遗憾的是，至今仍有不少国家难以理会这一深刻的道理。

唐太宗是中国最强盛时期的一位皇帝，他的战争观正可以说明他为什么能建立起一个如此强盛的朝代："夫兵甲者，国家凶器也。土地虽广，好战则民凋；中国虽安，忘战则民殆。不可以全除，不可以常用。"而他的大臣魏征所总结的一句话，似乎正好能说明现代欧洲为什么衰落的原因："隋以富强动之而危，我以寡弱静之而安。"

明朝末年曾到中国来传教的意大利人利玛窦，在其《利玛窦中国札记》中评价中国人说："在这样一个几乎具有无数人口和无限地域的国家，各种物产又极为丰富。虽然他们有装备精良的陆军和海军，很容易征服邻近的国家，但他们的皇上和人民从未想到过要发动侵略战争。他们很满足于自己拥有的东西，没有征服的野心。在这方面，他们和欧洲人很不相同，欧洲人常常不满意自己的政府，并贪求别人所享有的东西。但他们连老祖宗传给他们的东西都保不住，而中国人已经保持了数千年之久。"

战争固然可以建立不朽的功勋，固然可以使少数人留名青史，但其代价是数以亿万计的士兵和无辜百姓悄无声息地死于非命。

人类能发展到今天，实在要感谢大自然的恩典。地球的生命是有限的，如果人类不能摆脱自然环境的控制，也必定会像恐龙一样，随着地球环境的变化而趋于毁灭。人类唯一的希望是在地球环境发生巨变之前移民外太空。要做到这一点，必须举全球之力，集合全人类共同的智慧和财力。而人与人、国与国之间的相互杀戮，不仅将大大延缓这一步伐，而且随着核武器的发明及其不断扩散，战争的结果很可能是人类的毁灭。

在今天的人类看来，3000 年前为了一个女人，或是为了一片不毛之地，而不惜发动一场旷日持久的战争，死人无数，实在是一件非常荒谬的事情。而在1000 年后，当人类可以离开地球，移民到别的星球居住和生活时，再回过头来看今天的人类，为了一座荒岛，为了一个子虚乌有的神，为了一种自以为是的信仰，而不惜兵戎相见，大加杀戮，同样是一件非常荒谬的事情。

世界是一个命运共同体，当人类遇到宗教冲突、环境污染、自然灾害、经济衰退时，我们再不能像过去那样，以邻为壑，以大欺小，以武力决定胜负。和睦相处，以强扶弱，互助共赢，是人类获得生存与发展的必由之路。

孔子和孟子都生活在一个竞相征伐、杀声遍地的年代，他们能如此鲜明地反对战争，反对杀戮，实在是一件非常伟大的事情！

二、经典选读

（一）孔子

1. 子之所慎：齐①，战，疾。

——《论语·述而》

【注释】①齐：同"斋"，斋戒。古人在祭祀前需沐浴斋戒，不吃荤酒，不与妻妾同寝，以示虔诚。

【译文】孔子所谨慎对待的事情是：斋戒，战争，疾病。

2. 子曰："善人教民七年，亦可以即戎矣①。"

——《论语·子路》

【注释】①可以即戎矣：可以让他们接触军事了。即，接触，参与。

【译文】孔子说："善良的人教导百姓七年时间，可以让他们参与军事了。"

3. 子曰："以不教民战①，是谓弃之。"

——《论语·子路》

【注释】①以不教民战：让没有经过训练的老百姓去参加战斗。

【译文】孔子说："让没有经过训练的老百姓去参加战斗，等于抛弃他们。"

4. 南宫适问于孔子曰①："羿善射，奡荡舟②，俱不得其死然；禹稷耕稼，而有天下。"夫子不答。南宫适出，子曰："君子哉若人！尚德哉若人！"

——《论语·宪问》

【注释】①南宫适：南宫括，名南容，孔子弟子。因善于处世，孔子以其兄之女妻之。②奡（ào）：夏代寒浞的儿子，相传是个大力士，能陆地行舟，后为少康所杀。

【译文】南宫适问孔子："后羿善于射箭，夏奡善于水战，最后都不得好死。大禹和后稷亲自耕种庄稼，却得到了天下。"孔子没有回答，南宫适出去后，孔子说："这个人是个真君子！这个人是真心崇尚道德！"

5. 卫灵公问陈于孔子①。孔子对曰："俎豆之事②，则尝闻之矣。军旅之事，未之学也。"明日遂行。

——《论语·卫灵公》

现代儒家读本

【注释】①卫灵公：卫国国君，姬姓，名元。爱好男宠，性多猜忌，但能知人善任。他所任用的三个大臣仲叔圉、祝鮀、王孙贾，皆有贤名。陈，同"阵"，排兵布阵。②俎豆：古代盛食物用的器皿，祭祀时被用作礼器。

【译文】卫灵公向孔子请教军队布阵之法。孔子回答说："祭祀礼仪方面的事情，我曾听说过；用兵打仗的事，从来没学过。"第二天，孔子便离开了卫国。

（二）孟子

1. 齐宣王问曰："交邻国有道乎？"孟子对曰："有。惟仁者为能以大事小，是故汤事葛①，文王事昆夷②；惟智者为能以小事大，故太王事獯鬻③，勾践事吴。以大事小者，乐天者也；以小事大者，畏天者也。乐天者保天下，畏天者保其国。诗云：'畏天之威，于时保之。'"

王曰："大哉言矣！寡人有疾，寡人好勇。"对曰："王请无好小勇。夫抚剑疾视曰，'彼恶敢当我哉'！此匹夫之勇，敌一人者也，王请大之！《诗》云：'王赫斯怒④，爰整其旅⑤，以遏徂莒⑥，以笃周祜⑦，以对于天下。'此文王之勇也，文王一怒而安天下之民。《书》曰：'天降下民，作之君，作之师。惟曰其助上帝，宠之四方⑧。有罪无罪，惟我在，天下曷敢有越厥志⑨？'一人横行于天下，武王耻之，此武王之勇也。而武王亦一怒而安天下之民。今王亦一怒而安天下之民，民惟恐王之不好勇也。"

——《孟子·梁惠王下》

181

【注释】①葛：古国名，源于葛天氏，其后裔子孙简化为单姓，称葛氏。商汤王居亳，与葛国为邻。②昆夷：犬戎，古代西北少数民族。殷、周时期，游牧于泾、渭流域。③太王：古公亶父，姬姓，名亶（dǎn），上古周族的杰出领袖，周文王祖父，周王朝的奠基人，周武王姬发建立周朝时，追谥他为"周太王"。獯（xūn）鬻（yù），古代北方少数民族，与昆夷、畎夷、串夷、猃狁同族之称，而熏育之名较早。居地在周王朝之西北，西起汧陇，东至山西太行山一带。④赫斯怒：勃然大怒。
⑤爰整其旅：整顿他的军队。⑥以遏徂莒：以阻止入侵的莒国军队。遏，阻止；徂（cú），
行军；莒，古国名，在今山东莒县。⑦以笃周祜：以增加周国百姓的幸福。笃，增厚、
巩固；祜（hù），福祉。⑧惟曰其助上帝，宠之四方：其目的是帮助上帝，来爱护
四方百姓。宠，爱护。⑨天下曷敢有越厥志：天下谁敢违背天的意志呢？越，越位，
逾越；厥，用法同"其"。

【译文】齐宣王问道："结交邻国有什么方法吗？"孟子回答道："有。只有
仁者能以大国来侍奉小国，所以商汤王曾侍奉葛国，周文王曾侍奉昆夷。只有智者
能让小国来侍奉大国，所以周太王曾侍奉獯鬻，越王勾践曾侍奉吴国。能以大国侍
奉小国的，是乐于听从天命的人；能以小国来侍奉大国的，是畏惧天命的人。乐于
听从天命的能保有天下，畏惧天命的能保住他的国家。《诗经》上说：'畏惧上天
的威严，才能得到安定。'"

宣王说："讲得太好了！但我有个毛病，我好跟人斗勇。"孟子回答道："大
王请不要喜欢小勇。手持长剑，瞪着眼睛说：'他哪敢阻挡我！'这是匹夫之勇，
只能抵挡一个人罢了。请大王喜欢一种大勇！《诗经》上说：'文王勃然大怒，于
是整军备武，以阻止入侵的莒国军队，增加周国百姓的幸福，以报答天下人的期望。'
这是文王的勇气，文王一怒而安定了天下的百姓。《尚书》上说：'上天降生万民，
为他们设立君主，设立师长，其目的是协助上帝来爱护百姓，无论有罪还是无罪，
都有我来安抚和处罚他们，天下谁敢违背天的意志呢？'有一个人横行天下，周武
王感到是一种耻辱，这便是武王的勇气。武王也是一怒就安定了天下的百姓。现在
大王如果也能一怒就安定天下的百姓，那么百姓唯恐大王不好勇呢！"

2. 齐人伐燕①，胜之。宣王问曰："或谓寡人勿取，或谓寡人取之。
以万乘之国伐万乘之国，五旬而举之，人力不至于此。不取，必有天殃。
取之，何如？"

孟子对曰："取之而燕民悦，则取之。古之人有行之者，武王是也。
取之而燕民不悦，则勿取。古之人有行之者，文王是也。以万乘之国

伐万乘之国，箪食壶浆，以迎王师②。岂有他哉？避水火也。如水益深，如火益热，亦运而已矣③。"

——《孟子·梁惠王下》

【注释】①齐人伐燕：齐宣王五年，燕王哙将王位让给相国子之，将军市被和太子平不服，发动战争，不久被杀，燕国一片混乱。齐宣王趁机进攻燕国，仅用了五十天时间，便大获全胜，杀死了燕王哙和子之。②箪食壶浆，以迎王师：百姓用箪盛食物、用壶盛酒水来欢迎王的军队。箪，盛饭的竹器；食，粮食；浆，酒水。③如水益深，如火益热，亦运而已矣：如果（齐国占领燕国）水更深，火更热，则齐国的胜利不过是运气罢了。

【译文】齐国攻打燕国，大获全胜。齐宣王问孟子："有人劝我不要占领燕国，有人又劝我占领它。我觉得，以一个万乘之国去攻打另一个万乘之国，只用五十天就打下来了，光凭人力是做不到的呀。如果我们不占领它，必定会遭到老天的处罚。占领它，怎么样？"

孟子回答说："占领它而使燕国的老百姓高兴，那就占领它。古人有这样做的，周武王便是。占领它而使燕国的老百姓不高兴，那就不要占领它。古人有这样做的，周文王便是。以万乘之国讨伐另一个万乘之国，老百姓拿着粮食、盛着酒水来欢迎大王的军队，难道有别的原因吗？不过是想摆脱他们水深火热的日子罢了。如果（齐国占领燕国）水更深，火更热，则齐国的胜利不过是运气罢了。"

3. 滕文公问曰："滕，小国也，间于齐、楚①。事齐乎②？事楚乎？"

孟子对曰："是谋非吾所能及也。无已，则有一焉：凿斯池也③，筑斯城也④，与民守之，效死而民弗去⑤。则是可为也。"

——《孟子·梁惠王下》

【注释】①间于齐、楚：处于齐、楚两个大国的中间。②事：侍奉，归服。③凿斯池也：把护城河凿得更深。④筑斯城也：把城墙筑得更牢固。⑤效死：与国家共存亡。

【译文】滕文公问道："滕国是个小国，夹在齐国和楚国之间，侍奉齐国呢，还是侍奉楚国呢？"

孟子回答道："这种策略不是我力所能及的。一定要我说，就只有一个办法：把护城河挖深，把城墙筑牢，与百姓共同守卫，宁可献出生命，百姓也不逃离，这样就有希望了。"

4. 孟子曰："以力假仁者霸①，霸必有大国。以德行仁者王，王不待大②，汤以七十里，文王以百里。以力服人者，非心服也，力不赡也③；以德服人者，中心悦而诚服也，如七十子之服孔子也。《诗》云：'自西自东，自南自北，无思不服④'，此之谓也。"

——《孟子·公孙丑上》

【注释】①假：假借，凭借；霸：称霸。②不待：不必。③赡：充足。④无思不服：没有人想过不服从仁德的君主。

【译文】孟子说："用武力而假借仁义的人可以称霸，所以称霸必须是武力强大的大国。用道德实行仁义的人可以称王，称王不必是大国，商汤王只有七十里，周文王只有一百里。通过武力让别人服从的，别人并不是真心服从，只是力量不够罢了；用道德使人归服的，是心悦诚服，就像七十个弟子归服孔子那样。《诗经》说：'从西到东，从南到北，没有人想过不服从仁德的君主。'说的正是这种情况。"

5. 孟子曰："天时不如地利，地利不如人和。三里之城，七里之郭，环而攻之而不胜。夫环而攻之，必有得天时者矣，然而不胜者，是天时不如地利也。城非不高也，池非不深也，兵革非不坚利也，米粟非不多也，委而去之①，是地利不如人和也。故曰域民不以封疆之界②，固国不以山溪之险③，威天下不以兵革之利。得道者多助，失道者寡助。寡助之至，亲戚畔之④；多助之至，天下顺之。以天下之所顺，攻亲戚之所畔，故君子有不战，战必胜矣。"

——《孟子·公孙丑下》

【注释】①委：委弃，抛弃。②域：限制、管辖。③固国：保卫国家。④畔：同"叛"，背叛。

【译文】孟子说："天时不如地利，地利不如人和。方圆三里的内城，方圆七里的外城，在外围攻打它却不能取胜。在外围攻打它，必定是选择了很好的天时，之所以不能取胜，是天时不如地利。城墙不是不高，护城河不是不深，武器装备不是不锋利，粮食不是不充足，但守城者弃城而逃，这是因为地利不如人和。所以说管辖百姓不是凭借边疆的界限，保卫国家不是倚仗山河的险要，威震天下不是依靠武器的锋利。实施仁政的人，就会得到很多人的支持；不行仁政的人，支持的人就会很少。少到极点的时候，亲属都会背叛他。多到极点的时候，天下人都会归顺他。凭借天下人的归顺，攻打亲属都背叛他的人，所以君子不战则已，一战就必定会取胜。

6. 沈同以其私问曰①："燕可伐与？"孟子曰："可。子哙不得与人燕，子之不得受燕于子哙。有仕于此，而子悦之，不告于王而私与之吾子之禄爵。夫士也亦无王命而私受之于子，则可乎？何以异于是。"

齐人伐燕。或曰："劝齐伐燕，有诸？"曰："未也。沈同问燕可伐与，吾应之曰可，彼然而伐之也②。彼如曰：孰可以伐之？则将应之曰：为天吏③，则可以伐之。今有杀人者，或问之曰：人可杀与？则将应之曰：可。彼如曰：孰可以杀之？则将应之曰：为士师，则可以杀之。今以燕伐燕④，何为劝之哉⑤？"

——《孟子·公孙丑下》

【注释】①沈同：齐大夫；私问：私下询问。②然：赞同。③天吏：能顺天行道、仁民爱物的人。④以燕伐燕：让跟燕国一样不讲仁德的齐国来讨伐燕国。⑤何为劝之哉：我为何劝他们去这样做呢。

【译文】沈同以他私人的身份问孟子道："燕国可以讨伐吗？"孟子回答说："可以。子哙不能把燕国交给他人，子之不能从子哙手里接受燕国。假如有一位官员，你对他有好感，不向国君禀告就私自把你的俸禄爵位给他，这个人也不要国君的任命就私自从你手里接受，这样行吗？燕国的事与这有什么不同呢？"

后来齐人讨伐燕国。有人问孟子："据传你劝说齐国讨伐燕国，有这样的事吗？"孟子说："没有。沈同问我燕国可以讨伐吗？我回答说可以。他就去讨伐燕国了。他如果问：'谁能讨伐燕国？'我就会回答他说：'是天吏才能讨伐燕国。'现在有个杀人犯，有人问我说：'这人可以处死吗？'我就会回答说：'可以。'他如果问：'谁能处死他？'我就会回答他说：'是士师才能处死他。'现在是跟燕国一样的国家来讨伐燕国，我怎么会去劝说它呢？"

　　7. 孟子曰："求也为季氏宰，无能改于其德①，而赋粟倍他日②。孔子曰：求非我徒也，小子鸣鼓而攻之可也。由此观之，君不行仁政而富之，皆弃于孔子者也，况于为之强战。争地以战，杀人盈野；争城以战，杀人盈城，此所谓率土地而食人肉，罪不容于死。故善战者服上刑，连诸侯者次之③，辟草莱任土地者次之④。"

——《孟子·离娄上》

　　【注释】①无能改于其德：不能改变他的德行。②赋粟倍他日：赋税比之前增加了一倍。③连诸侯：结盟诸侯，合纵连横。④辟草莱任土地者：那些（因战争而）忽视荒草在土地上任意生长的人。辟，回避，忽视。

　　【译文】孟子说："冉求作为季氏的家臣，不能改变他的德行，赋税比之前反而增加了一倍。孔子说：冉求不是我的学生，弟子们可以大张旗鼓来声讨他！由此看来，君主不行仁政而帮他聚敛财富的人，都是孔子所鄙弃的，更何况是为他卖命打仗的人呢？为争夺一块土地而发动战争，杀人遍野；为争夺一座城池而发动战争，杀人满城；这就叫作带着土地来吃人肉，罪不容死。所以善于打仗的人该受最重的刑罚，结盟诸侯参加战争的人次之，那些（因战争而）忽视荒草在土地上任意生长的人再次之。"

　　8. 孟子曰："今之事君者曰：我能为君辟土地，充府库。今之所谓良臣，古之所谓民贼也。君不向道，不志于仁，而求富之，是富桀也。我能为君约与国①，战必克之。今之所谓良臣，古之所谓民贼也。

君不向道，不志于仁，而求为之强战，是辅桀也。由今之道，无变今之俗，虽与之天下，不能一朝居也^②。"

——《孟子·告子下》

【注释】①与国：盟国，友好之邦。②一朝：一个早晨，意谓时间短暂。

【译文】孟子说："如今侍奉君主的人都说：我能为君主开疆拓土，充实府库。如今所谓的良臣，正是古代所说的民贼。君主不追求道德，无意于仁义，却想方设法让他获取财富，这等于让夏桀富有。我能够替君主邀约盟国，每次战争都能取得胜利。如今所谓的良臣，正是古代所说的民贼。国君不追求道德，无意于仁义，却想方设法让他拥有强大的武力，这等于帮助夏桀。用今天这个方式，不改变现在的风气，即便给他整个天下，也是一天都坐不稳的。"

9. 孟子曰："春秋无义战。彼善于此^①，则有之矣。征者上伐下也^②，敌国^③，不相征也。"

——《孟子·尽心下》

【注释】①彼善于此：那个国家比这个国家好一点。②征者上伐下也：征伐必须是上对下而言。③敌国：地位相对等的国家。

【译文】孟子说："春秋时代没有合乎道义的战争。那个国家比这个国家好一点，这样的情况倒是有的。征伐必须是上对下而言，地位相对等的国家，是不能够互相征伐的。"

10. 孟子曰："有人曰，我善为陈，我善为战。大罪也。国君好仁，天下无敌焉。南面而征，北狄怨；东面而征，西夷怨。曰：奚为后我？武王之伐殷也，革车三百两^①，虎贲三千人^②。王曰：无畏，宁尔也^③，非敌百姓也^④。若崩厥角^⑤，稽首^⑥。征之为言正也^⑦，各欲正己，焉用战？"

——《孟子·尽心下》

【注释】①革车：古代兵车的一种。②虎贲（bēn）：骁勇善战者，勇士。

③宁尔也：（我们是来）安抚你们的。④非敌百姓也：不是要和老百姓为敌。⑤若崩厥角：（商民）像野兽折了头角一样惶恐不安。⑥稽首：以头触地，臣民拜见君王的一种礼节。⑦征之为言正也：所谓征的意思，就是为了纠正错误。

【译文】孟子说："有人说，我善于布阵，我善于打仗。这是罪大恶极之人。国君爱好仁义，就会天下无敌。征伐南方，北方的狄国就会埋怨；征伐东方，西方的夷国就会埋怨。他们会说：'为什么把我们放在后边？'周武王讨伐商国，有战车三百辆、勇士三千人。武王向殷商的百姓说：'不要害怕，我们是来安抚你们的，不是来同百姓为敌的。'（商民）像野兽折了头角一样惶恐不安，以头触地。所谓征的意思，就是为了纠正错误。如果各国都想端正自己，哪里还用得着战争？"

11. 孟子曰："古之为关也①，将以御暴；今之为关也，将以为暴②。"
——《孟子·尽心下》

【注释】①关：关卡。②将以为暴：是为了实施残暴的统治。当时关税沉重，百姓不堪重负，孟子斥其是"为暴"。

【译文】孟子说："古代设立关卡，是为了抵抗敌人的暴力；现在设立关卡，是为了实施残暴的统治。"

（三）荀子

临武君与荀卿子议兵于赵孝成王前①，王曰："请问兵要？"

临武君对曰："上得天时，下得地利，观敌之变动，后之发，先之至，此用兵之要术也。"

荀卿子曰："不然！臣所闻古之道，凡用兵攻战之本，在乎壹民②。弓矢不调，则羿不能以中微③；六马不和，则造父不能以致远④；士民不亲附，则汤武不能以必胜也。故善附民者，是乃善用兵者也。故兵要在乎善附民而已。故齐之技击⑤，不可以遇魏氏之武卒；魏氏之武卒，不可以遇秦之锐士；秦之锐士，不可以当桓文之节制⑥；桓文之节制，不可以敌汤武之仁义；有遇之者，若以焦熬投石焉⑦。"

——《荀子·议兵》

【注释】①临武君：楚将，秦军攻赵，求救于楚，春申君曾以临武君为将，率军救赵。赵孝成王：战国时期赵国第十任君主，嬴姓，名丹。公元前260年，赵孝成王用赵括代替老将廉颇，致使四十余万赵兵被秦坑杀于长平。②壹民：让人民团结一致。③中微：射中微小的目标。④造父：著名善御者。史载周穆王使造父驾车，巡狩西方，闻徐偃王反，穆王日驰千里，攻徐偃王，大破之。乃赐造父以赵城，由此而为赵氏。⑤齐之技击：齐国技击之士是战国时代一个著名的兵种。⑥不可以当桓文之节制：不可以抵挡齐桓公、晋文公靠纪律来约束的军队。桓，齐桓公；文，晋文公。⑦焦熬：因受熬煎而变焦发脆之物。

【译文】临武君与荀卿在赵孝成王面前谈论军事问题，赵孝成王问道："用兵最关键的方法是什么？"

临武君回答说："上得天时，下得地利，观察敌人的变动，比敌人晚行动，却抢先部署到位，这是用兵最关键的方法。"

荀子反驳道："临武君说的不对。我听说古人的方法，用兵攻战的根本，在于让人民团结一致。弓和箭不协调，即便是后羿也射不中微小的目标；拉车的马不协调，即便是造父也走不了很远的地方；士兵百姓不拥护，即便是商汤王、周武王也难以取得胜利。所以能够得到百姓支持的，便是善于用兵的人，用兵的关键在于能够得到百姓支持。所以齐国的技击之士，抵挡不了魏国的武卒；魏国的武卒，抵挡不了秦国的精锐部队；秦国的精锐部队，抵挡不了齐桓公、晋文公纪律严明的军队；齐桓公、晋文公纪律严明的军队，抵挡不了商汤王、周武王的仁义之师；若遇到这样的军队，就像用发脆的东西去投击坚硬的石头一样。"

189

（四）司马迁

吴起事魏武侯①。武侯浮西河而下，中流，顾而谓吴起曰："美哉乎！

山河之固，此魏国之宝也！"起对曰："在德不在险②。昔三苗氏左洞庭，右彭蠡③，德义不修，禹灭之；夏桀之居，左河济，右泰华④，伊阙在其南⑤，羊肠在其北⑥，修政不仁，汤放之；殷纣之国，左龙门，右太行，常山在其北，大河经其南，修政不德，武王杀之。由此观之，在德不在险。若君不修德，舟中之人尽为敌国也。"

——《史记·孙子吴起列传》

【注释】①吴起：战国初期军事家，兵家代表人物。卫国人，历仕鲁、魏、楚三国，在楚国因改革触动了世袭贵族的利益，而被谋杀。其所著《吴子兵法》，主张内修文德，外治武备。魏武侯：魏文侯之子，早年以大儒田子方为师，吴起为将，将魏国霸业推向高峰，晚年因任人不当，四处挑起战端，导致国力衰退。②在德不在险：国家的稳固在于修明文德，不在山河险要。③彭蠡（lǐ）：彭蠡湖，一说为巢湖，一说为鄱阳湖古称。④泰华：华山。⑤伊阙：今河南省洛阳市南面的龙门。因两山对峙，伊水中流，如天然门阙，故称为伊阙。⑥羊肠：山名。在山西晋阳之西北，因山形屈辟，状如羊肠，故名。

【译文】吴起事奉魏武侯。武侯在西河乘船顺流而下，船到中流时，环顾四周而对吴起说："真是壮美呀！山河稳固，这是魏国的宝物。"吴起回答道："国家的稳固在于修明文德，不在山河险要。过去三苗氏左有洞庭，右有彭蠡，因为不修德义，却被大禹灭亡；夏桀王的都城，左有河济，右有华山，南有伊阙，北有羊肠，治国不讲仁义，被商汤王流放；商纣王的国都，左有龙门，右有太行，北有常山，南有黄河，治国不依道德，为周武王所杀。由此观之，国家的稳固在于修明文德，不在山河险要。若君主不修文德，船中坐着的全都会是敌人。"

（五）李世民

1. 贞观四年，房玄龄奏言："今阅武库甲仗，胜隋日远矣。"太宗曰："饬兵备寇虽是要事①，然朕唯欲卿等存心理道，务尽忠贞，使百姓安乐，便是朕之甲仗。隋炀帝岂为甲仗不足，以至灭亡？正由仁义不修，而群下怨叛故也。宜识此心。"

——《贞观政要·论仁义》

【注释】①饬（chì）兵：整治军队。

【译文】贞观四年，房玄龄上奏道："今天检阅兵库的武器，远远超过隋朝的时候。"唐太宗说："整治军队，防备敌人虽然是重要的事情，但我只希望你们专心思考治国之道，竭尽全力，使百姓安居乐业，这便是我的武器装备。隋炀帝难道是因为武器装备不足而导致灭亡的吗？而正因为不讲仁义，百姓怨恨反叛造成的。你们应该理解我的担心。"

2. 太宗尝谓长孙无忌等曰："朕即位之初，有上书者非一，或言人主必须威权独任，不得委任群下；或欲耀兵振武，慑服四夷。惟有魏征劝朕'偃革兴文①，布德施惠，中国既安，远人自服'。朕从此语，天下大宁，绝域君长②，皆来朝贡，九夷重译③，相望于道。凡此等事，皆魏征之力也。"

——《贞观政要·论诚信》

【注释】①偃（yǎn）革：停止战争。②绝域：极其遥远的地方，极远的国度。③重译：指译使。

【译文】唐太宗曾对长孙无忌等人说："我即位以来，有不少人上书，有的人认为君主必须威权独任，不得信任群臣；有的人认为必须耀武扬威，震慑四夷。只有魏征劝我'停止战争，兴修文德，广施恩惠，中国安定之后，四周的国家自然就会臣服'。我听从了他的建议，天下太平，极远国度的君主，都来朝贡，各国译使，相望于道。这一类事情，都是魏征的功劳。"

3. 贞观九年，北蕃归朝人奏①："突厥内大雪，人饥，羊马并死。中国人在彼者，皆入山作贼，人情大恶。"太宗谓侍臣曰："观古人君，行仁义、任贤良则理；行暴乱、任小人则败。突厥所信任者，并共公等见之，略无忠正可取者。颉利复不忧百姓②，恣情所为，朕以人事观之，亦何可久矣？"魏征进曰："昔魏文侯问李克：'诸侯谁先亡？'克曰：'吴先亡。'文侯曰：'何故？'克曰：'数战数胜，数胜则主骄，数战则民疲，不亡何待？'颉利逢隋末中国丧乱，遂恃众内侵，今尚不息，此其必亡之道。"太宗深然之。

——《贞观政要·辨兴亡》

【注释】①北蕃归朝人：从北部蕃国归服本朝的人。②颉（jié）利：东突厥可汗，620 年继位。颉利可汗初承父兄基业，兵马强盛，阻挠唐朝统一，后又连年侵占唐土，杀掠边民，劫夺财物。公元 630 年，颉利为唐军所败，被俘，东突厥灭亡。

【译文】贞观九年，从北部番国归服本朝的人上奏："突厥大雪，陷入饥荒，饿死不少羊马。在突厥的中国人，都上山做了强盗，风气大坏。"唐太宗对身边的大臣说："考察古代君主，实施仁义、选任贤良，国家就会治理得很好；统治残暴、任用小人，国家就会破灭败亡。突厥所信任的人，大家一起都看到了，没有几个忠正值得赞赏的人。颉利可汗又不关心百姓，纵情任性，我从人事上观察，哪里能够长久呢？"魏征回答道："以前魏文侯问李克：'哪个诸侯国会先灭亡？'李克回答说：'吴国先灭亡。'魏文侯问：'这是为什么？'李克回答说：'连战连胜，连胜则君主骄横，连战则百姓疲惫，不亡何待？'颉利可汗在隋末恰逢中国内乱，于是带兵入侵，至今没有停止，这是它必然灭亡之道。"唐太宗特别认同这一观点。

4. 贞观四年，有司上言："林邑蛮国①，表疏不顺②，请发兵讨击之。"太宗曰："兵者凶器，不得已而用之。故汉光武云：'每一发兵，不觉头须为白。'自古以来穷兵极武，未有不亡者也。苻坚自恃兵强，欲必吞晋室，兴兵百万，一举而亡。隋主亦必欲取高丽，频年劳役，人不胜怨，遂死于匹夫之手。至如颉利，往岁数来侵我国家，部落疲于征役，遂至灭亡。朕今见此，岂得辄即发兵？但经历山险，土多瘴疠，若我兵士疾疫，虽克剪此蛮，亦何所补？言语之间，何足介意！"竟不讨之。

——《贞观政要·论征伐》

【注释】①林邑：古国名，在今越南中部，秦汉时为象郡象林县地。②表疏不顺：上表和奏疏不恭顺。

现代儒家读本

【译文】贞观四年，有官员上奏建议："林邑是个野蛮的国家，上表和奏疏都不恭顺，请发兵征讨。"唐太宗说："战争是不吉利的事情，不得已才发动战争。所以汉光武帝说：'每次发兵，不觉头发都变白了。'自古以来穷兵黩武，没有不败亡的。符坚自恃军队强大，企图吞并东晋，兴兵百万，一下子就败亡了。隋炀帝也是一定要征服高丽，最终导致灭亡。我现在见到这种情况，怎能动辄发兵？而且要翻山越岭，那地方又瘴气很多。如果军队中瘟疫流行，虽然消灭了这个蛮国，又有什么好处？言语之间，有什么值得介意的地方？"最终没有发兵征讨。

5. 太宗《帝范》曰："夫兵甲者，国家凶器也。土地虽广，好战则民凋；中国虽安，忘战则民殆。凋非保全之术，殆非拟寇之方①，不可以全除，不可以常用。故农隙讲武，习威仪也；三年治兵，辨等列也。是以勾践轼蛙②，卒成霸业；徐偃弃武③，终以丧邦。何也？越习其威，徐忘其备也。孔子曰：'以不教民战，是谓弃之。'故知弧矢之威，以利天下，此用兵之职也。"

——《贞观政要·论征伐》

【注释】①拟寇：抵御敌寇。②勾践轼蛙：越王勾践将伐吴，路见怒蛙，俯凭车前横木为敬。从者问其故，勾践说：蛙是无知之物，见敌而有怒气，所以致以敬意。军士听后，勇气大增。③徐偃：徐偃王，西周时徐国国君。周穆王末年，徐偃王好行仁义，前来归顺的东夷国家有四十多个。周穆王巡视各国，听闻徐君威德日远，遣楚国袭其不备，大破之，杀偃王。

【译文】唐太宗所著《帝范》中说："武器装备，是国家不吉祥的东西。土地虽然广阔，好战就会导致百姓贫穷；中国虽然太平，忘战就会导致百姓懈怠。贫穷不是保全百姓的手段，懈怠不是抵御敌人的方法，武器装备不能全部消除，也不能经常使用。所以农闲时节讲习军事，让百姓熟悉部队的威仪；每三年演练一次，让百姓了解部队的等级顺序。所以勾践向怒蛙致敬，终成霸业；徐偃王放弃军备，终致亡国。为什么？越国习惯于军队的威仪，徐偃王忘记了军备的重要。孔子说：'让没有经过训练的人去参加战斗，等于抛弃他们。'所以掌握武器的威力，以有利于天下，这是加强军备的职责。"

第十五章

理性篇

一、导 读

对神的美化和崇拜，是西方哲学的一个典型特征。亚历士多德说："爱神话的人，就是爱智慧的人。"古希腊科学家阿尔克迈翁则认为："只有诸神才能明察冥冥之中的万事万物，而我们人类唯有依仗猜测。"直到黑格尔，欧洲人还在思考如何为上帝的存在进行辩护，黑格尔说："对主的畏惧是智慧的开始。"

但人类真正的智慧，是从摆脱神的控制开始的。神，迟早是要从这个世界消失的。无论这个神以什么样的方式出现，他都只是人类在蒙昧时期对于宇宙的一个美丽的想象而已。人类文明的一个重要标志，就是摆脱神的控制。只有在摆脱神的控制之后，人才成其为独立的、自由的、完整的个体，人类才成其为理性的、自主的、互相之间可以平等相待的群体。不然，人永远只是神的附属物，永远只能做神的奴隶，而少部分人则可以凭借神的权威，成为大多数人的统治者，甚至可以借神的名义，对异教徒进行残酷的打击和迫害，极端者则往往不惜以自己的生命为代价，与所谓的"敌人"同归于尽，以示对神的崇拜和忠诚。

将人类从神的枷锁中解脱出来的，首先得归功于孔子。因为我们无法找到一个比孔子更早的思想家，能如此坦率地对鬼神采取怀疑和否定的态度。"子不语怪力乱神"，对鬼神敬而远之，自始至终只探讨现实世界的人和社会，将人当作世界的中心，当作一切知识和政治行为的出发点。这种态度在几千年间决定了中国知识分子的趣味和价值取向，也使中国成为世界上第一个由理性主导而非宗教主导的国家。

在法国革命之前，欧洲普遍是神权至上的专制国家，国王拥有绝对的权威，教会掌握着绝对的真理，官员则大都由贵族世袭，社会等级森严，下层民众政治地位底，经济负担重，且难以改变自身命运。教会实行高压的宗教政策，打击"异端"，迫害"异教徒"。而孔子所倡导的理性和道德，中国政府所一贯推行的宗教自由政策，经耶稣会士们的大力推介，在欧洲知识分子群体中，无异于打开了一扇通往理性之光的大门。

即使到了 20 世纪，德国哲学家施本格勒仍然认为：孔子不讲上帝，而讲天，这说明他只相信自然的规律，孔子完全属于中国的"18 世纪"。反过来则可以这么说，欧洲 18 世纪才开始摆脱神的控制，而这个过程中国自孔子时代就已经完成了。

儒家思想因为没有一个独一无二的神，不具有排他性，对其他文明、其他信仰大都能采取一种包容的态度，信奉儒家思想的人既可以成为佛教徒、基督教徒，也可以成为伊斯兰教徒。我们难以想象上帝和真主能同处一座教堂，但在中国，孔子、太上老君和观音菩萨经常相安无事地共处一室。21 世纪被认为是文明对话的世纪，从这一点来看，儒家文明最有可能成为文明之间对话的桥梁。

二、经典选读

（一）孔子

1. 樊迟问知。子曰："务民之义①，敬鬼神而远之，可谓知矣。"

——《论语·雍也》

【注释】①务：专心致力于；义：老百姓应该遵循的行为准则。

【译文】樊迟问什么是智慧。孔子回答说："专心致力于老百姓应该遵循的行为准则，尊敬鬼神却与它保持距离，可以说是很有智慧了。"

2. 子不语：怪、力、乱、神。

——《论语·述而》

【译文】孔子不谈论怪异、暴力、叛乱和鬼神之类的事情。

3. 子疾病，子路请祷。子曰："有诸①？"子路对曰："有之。诔曰：祷尔于上下神祇②。"子曰："丘之祷久矣③。"

——《论语·述而》

【注释】①有诸：有这样的事情吗？意谓这样的事情有先例吗？②祷尔于上下神祇：为你向上下神祇祈祷。③丘之祷久矣：我早就祈祷了，可仍然得了重病。意谓孔子并不相信这样的事情。

【译文】孔子病重，子路请求祈祷。孔子问道："有过这样的事情吗？"子路回答道："有过。诔文上说：'替你向上下神祇祈祷。'"孔子说："我早就祈祷了。"

4. 季路问事鬼神。子曰："未能事人，焉能事鬼？""敢问死？"曰："未知生，焉知死？"

——《论语·先进》

【译文】子路问怎样侍奉鬼神，孔子回答道："人都没侍奉好，怎么能去侍奉鬼神呢？"子路又问道："请问死是怎么一回事？"孔子回答道："生的道理都没有弄清楚，哪里知道死是怎么一回事？"

197

（二）荀子

1. 天行有常，不为尧存，不为桀亡。应之以治则吉，应之以乱则凶。强本而节用①，则天不能贫；养备而动时②，则天不能病；修道而不贰，则天不能祸。故水旱不能使之饥，寒暑不能使之疾，祅怪不能使之凶③。本荒而用侈，则天不能使之富；养略而动罕④，则天不能使之全；倍道而妄行⑤，则天不能使之吉。

——《荀子·天论》

【注释】①强本：加强农业生产。古时以农桑为本。②养备而动时：供养充足，遵循自然的时序而从事活动。③袄（xiān）：神。④养略而动罕：供养不足，运动很少。略，简略，不足。罕，不多。⑤倍：同"背"。

【译文】大自然的运行有它自身的规律，不会因为尧的出现就存在，也不会因为桀的出现就消亡。用正确的方法应对自然的规律，事情就会很顺利；用错误的方法应对自然的规律，事情就会很危险。加强农业生产而又节约开支，那么天不可能使人贫穷；供养充足而又能按自然的时序从事活动，那么天也不可能使人生病；遵循自然的规律而又不出差错，那么天也不可能使人遭祸。所以水旱灾害不会导致饥荒，寒暑变化不会让人生病，妖怪鬼神不会使人遭难。生产荒废而又奢侈无度，那么天也无法让人富裕；供养不足而又不勤于活动，那么天也无法让人健康长寿；违背自然的规律而又肆行无忌，那么天也无法让人平安顺利。

2. 星坠木鸣，国人皆恐。曰：是何也？曰：无何也！是天地之变，阴阳之化，物之罕至者也。怪之，可也；而畏之，非也。夫日月之有蚀，风雨之不时，怪星之党见①，是无世而不常有之。上明而政平，则是虽并世起，无伤也；上暗而政险，则是虽无一至者，无益也。

——《荀子·天论》

【注释】①党见：偶然出现。

【译文】流星坠落，树木爆响，民众都很恐慌，有人会问：这是怎么回事？回答道：没有什么。这是天地之间发生的变化，阴阳之间相互影响的结果，只是很少出现罢了。对它感到奇怪是可以的，害怕就没必要了。天上出现日食月食，不合时节的大风大雨，偶然看到一些奇怪的星星，是每个时代都常有的事情。君主开明、政局稳定，就算这些怪象同时出现，也无伤大局。君主昏庸、政治暴虐，即使没有任何怪象发生，也毫无益处。

（三）李世民

1. 贞观二年，太宗谓侍臣曰："神仙事本是虚妄，空有其名。秦始皇非分爱好，为方士所诈，乃遣童男童女数千人，随其入海求神仙。方士避秦苛虐，因留不归，始皇犹海侧踟蹰以待之，还至沙丘而死。汉武帝为求神仙，乃将女嫁道术之人，事既无验，便行诛戮。据此二事，神仙不烦妄求也。"

——《贞观政要·论慎所好》

【译文】贞观二年，唐太宗对身边的大臣说："神仙事本来就很虚妄，空有其名。秦始皇不同寻常地喜欢，被方士欺骗，于是派遣数千名童男童女，跟方士一起到海上去寻找神仙。方士躲避秦朝的暴政，所以留在海上没有回来。秦始皇犹在海边徘徊观望等待消息，到了沙丘这个地方便死了。汉武帝为了寻找神仙，而将女儿嫁给道士，神仙的事情没有得到验证，便将道士杀了。根据这两件事情，可知神仙是找不到的。"

2. 贞观六年，太宗谓侍臣曰："朕此见众议以祥瑞为美事，频有表贺庆。如朕本心，但使天下太平，家给人足，虽无祥瑞，亦可比德于尧、舜。若百姓不足，夷狄内侵，纵有芝草遍街衢，凤凰巢苑囿，亦何异于桀、纣？尝闻石勒时[①]，有郡吏燃连理木，煮白雉肉吃，岂得称为明主耶？又隋文帝深爱祥瑞，遣秘书监王劭著衣冠，在朝堂对考使焚香，读《皇隋感瑞经》。旧尝见传说此事，实以为可笑。夫为人君，当须至公理天下，以得万姓之欢心。若尧、舜在上，百姓敬之如天地，爱之如父母，动作兴事，人皆乐之，发号施令，人皆悦之，此是大祥瑞也。自此后诸州所有祥瑞，并不用申奏。"

——《贞观政要·论灾祥》

【注释】①石勒：十六国时期后赵建立者，史称后赵明帝。字世龙，小字匐勒，羯族，今山西榆社人，是中国历史上唯一的奴隶皇帝。

【译文】贞观六年，唐太宗对身边的大臣说："我听到众人讨论，以祥瑞为美事，经常有奏章来表示庆贺。按我的本意，但使天下太平，家给人足，虽然没有祥瑞，也可以和尧舜相比美。如果百姓贫苦，夷狄不时来掠夺，纵然灵芝满街，凤凰来猎场栖息，与桀纣又有什么区别？我曾听说石勒当皇帝时，有州县的官吏把连理木当柴烧，煮白羽毛野鸡吃，石勒难道称得上英明的皇帝？另外，隋文帝特别喜欢祥瑞，派遣秘书监王劭穿着官服，在朝堂之上对着众大臣焚香，朗读《皇隋感瑞经》。以前听到别人说起此事，实在觉得可笑。作为君主，必须以极其公道来治理天下，以赢得百姓的欢心。就像是尧舜在上，百姓敬之如天，爱之如父母，每颁布一项政策，执行一件事情，人人都很高兴，发号施令，人人都乐于接受，这是最大的祥瑞。从现在起，各州所有祥瑞的事情，都不用向上申报了。"

（四）韩愈

韩愈：唐代杰出散文家、思想家，字退之，世称韩昌黎。韩愈是唐代古文运动的倡导者，被称为"文起八代之衰"，唐宋八大家之首。韩愈崇奉儒学，力排佛老，因上《论佛骨表》，反对皇帝拜迎佛骨，差点被处死。著有《韩昌黎集》四十卷，《外集》十卷。在写作上主张文道合一。

汉明帝时，始有佛法，明帝在位才十八年耳。其后乱亡相继，运祚不长①。宋、齐、梁、陈、元魏已下，事佛渐谨，年代尤促。惟梁武帝在位四十八年，前后三度舍身施佛，宗庙之祭，不用牲牢，昼日一食，止于菜果；其后竟为侯景所逼，饿死台城，国亦寻灭。事佛求福，乃更得祸。由此观之，佛不足事，亦可知矣！

高祖始受隋禅②，则议除之。当时群臣材识不远，不能深知先王之道，古今之宜，推阐圣明，以救斯弊，其事遂止，臣常恨焉。伏惟睿圣文武皇帝陛下，神圣英武，数千百年已来，未有伦比。即位之初，即不许度人为僧尼道士，又不许创立寺观。臣常以为高祖之志，必行于陛下之手，今纵未能即行，岂可恣之转令盛也？今闻陛下令群僧迎佛骨于凤翔，御楼以观，舁入大内③，又令诸寺递迎供养。臣虽至愚，必知陛下不惑于佛，作此崇奉，以祈福祥也，直以年丰人乐，徇人之心④，为京都士庶设诡异之观，戏玩之具耳。安有圣明若此，而肯信此等事哉！然百姓愚冥，易惑难晓，苟见陛下如此，将谓真心事佛，皆云："天子大圣，犹一心敬信，百姓何人，岂合更惜身命！"焚顶烧指，百十为群，解衣散钱，自朝至暮，转相仿效，惟恐后时，老少奔波，弃其业次⑤。若不即加禁遏，更历诸寺，必有断臂脔身⑥，以为供养者。伤风败俗，传笑四方，非细事也。

　　夫佛本夷狄之人，与中国言语不通，衣服殊制，口不言先王之法言，身不服先王之法服，不知君臣之义，父子之情。假如其身至今尚在，奉其国命，来朝京师，陛下容而接之，不过宣政一见，礼宾一设，赐衣一袭，卫而出之于境，不令惑众也。况其身死已久，枯朽之骨，凶秽之余，岂宜令入宫禁？孔子曰："敬鬼神而远之。"古之诸侯，行吊于其国，尚令巫祝先以桃莂祓除不祥⑦，然后进吊。今无故取朽秽之物，亲临观之，巫祝不先，桃莂不用，群臣不言其非，御史不举其失，臣实耻之。乞以此骨付之有司，投诸水火，永绝根本，断天下之疑，绝后代之惑，使天下之人知大圣人之所作为，出于寻常万万也。岂不盛哉！岂不快哉！佛如有灵，能作祸祟，凡有殃咎，宜加臣身，上天鉴临，臣不怨悔。无任感激恳悃之至⑧，谨奉表以闻。臣某诚惶诚恐。

——《论佛骨表》

【注释】①运祚：国家的福运。②高祖：唐高祖李渊，唐朝开国皇帝。隋末天下大乱时，李渊乘势从太原起兵，攻占长安，建立唐朝。武德九年，玄武门之变后，李渊退位称太上皇，禅位于儿子李世民。③舁入大内：抬入宫内。舁（yú），抬；大内，皇帝宫殿。④徇：顺从，曲从。⑤业次：生业，职业。⑥脔身：切割身体。脔（luán），切肉成块。⑦桃莂：桃杖与扫帚，古代用以辟邪除秽。莂（liè），苕帚。⑧恳悃：恳切忠诚。悃（kǔn），诚恳，诚挚。

【译文】汉明帝时，中国开始有了佛教，但明帝在位只不过十八年时间。之后国家战乱，每个皇帝统治的时间都不长。宋、齐、梁、陈、北魏之后，信奉佛教越来越虔诚，而政权存在的时间却越来越短暂。只有梁武帝做了四十八年的皇帝，他前后三次舍身佛寺，祭祀宗庙时，也不用牲畜作祭品，每天只吃一餐饭，只吃些蔬菜和水果；但他后来竟然为侯景所逼，饿死在台城，梁朝也很快灭亡了。信奉佛教祈求保佑，反而遭到祸患。由此看来，佛不足以信奉，是十分明白的道理。

高祖皇帝在刚刚取代隋朝政权时，就打算废除佛教。当时因为群臣见识短浅，不能深刻领会先王的旨意以及从古到今治国的道理，不能很好地推行高祖皇帝的主张，以纠正佛法流行的弊端，这件事于是就没有得到落实，我对此常常感到很遗憾。像陛下您这样睿圣文武的皇帝，神圣英明，数千年来无人能比。陛下即位不久，就不准许人剃度为僧尼道士，同时不准许创建佛寺道观，我常以为高祖皇帝废除佛教的意愿，一定会在陛下手中得以实现，现在纵然不能立即实现，怎么可以放纵佛教反而让它兴盛起来呢？现在听说陛下命令群僧到凤翔去迎接佛骨，陛下亲自登楼观看，将佛骨抬入宫内，还命令各寺院轮流迎接供养。我虽然十分愚蠢，也知道陛下一定不会为佛所迷惑。如此隆重地供奉佛骨，以求获得佛的庇佑，不过是因为年岁丰收，百姓安居乐业，顺应人们的心意，为京城的士人和庶民设置奇异的景观，以作为游戏玩乐的东西罢了。哪有像您这样圣明的天子，而会相信这样的事情呢？然而老百姓愚昧无知，容易迷惑，难于讲明白，如果他们看到陛下这样做，以为陛下是真心信佛，都会说："天子如此圣明，还一心敬信佛教，我们能算什么，难道还要更加爱惜自己的身体和生命？"于是焚烧头顶和手指的，数十百人聚集在一起，施舍衣服钱财，从早到晚，互相仿效唯恐落在人后。老少奔波，置自身职业于不顾。如果不立即加以禁止，佛骨再经过各寺院，必定会有人砍断胳臂、切割身体来奉献佛陀。伤风败俗，四方传为笑谈，这可不是小事啊！

佛本来是夷狄之人，与中国言语不通，衣服式样不同，口中不讲先王传下的道理，身上不穿先王传下来的服装，不懂得君臣之间的规矩、父子之间的情义。假如他至今还活着，奉了他国君的命令，来到京城朝见，陛下容纳接待他，不过在宣政殿接见一次，由礼宾院设酒筵招待一下，赐给他一套衣服，派兵护卫让他离开国境，不许他迷惑百姓。何况他已经死了那么久，枯朽的骨头，只是尸体的残留，怎么可以让它进入宫廷中！孔子说："尊敬鬼神却与它保持距离。"古代诸侯，在他的国家举行悼念活动，尚且命令巫师首先用桃符与扫帚以消除不祥，这之后才进行悼念。

现在无缘无故取来朽烂污秽的东西，陛下亲临观看，却不先让巫师消除邪气，不用桃符和扫帚扫除污秽；群臣不说这种做法不对，御史不指出这种做法的错误，我实在感到羞耻。我请求将佛骨交给有司，投到火水之中，永绝根本，断绝天下人的疑虑，杜绝后代人的迷惑。使天下人都知道大圣人的所作所为，远远超出普通人之上，这难道不是件大好事？这难道不是件大快事？佛如果真有灵验，能降下灾祸，那么，一切的灾祸，都可加在我的身上，苍天在上，我绝不后悔埋怨。我不胜感激恩切之至，谨献上这个表章让陛下知道。臣韩愈诚惶诚恐。

（五）柳宗元

柳宗元：字子厚，属今山西运城人，唐宋八大家之一，因祖籍河东郡，故称"柳河东"，因官柳州刺史，又称"柳柳州"。21岁进士及第，因参与王叔文永贞革新，失败后被贬为永州司马。任柳州刺史时，释放奴婢，兴办学堂，开垦荒地，百姓受益颇多。主要著述有《封建论》《天说》《永州八记》《黔之驴》及诗歌《江雪》《渔翁》等。

1. 受命不于天，于其人①；休符不于祥，于其仁②。惟人之仁，匪祥于天③，匪祥于天，兹惟贞符哉④。未有丧仁而久者也，未有恃祥而寿者也。

——《柳宗元文集·贞符》

【注释】①受命不于天，于其人：政权的更替，不在于天，而在于人心。②休符不于祥，于其仁：吉利与否，不在于祥瑞，而在于仁义。休符，吉祥的征兆。③惟人之仁，匪祥于天：只有依靠人的仁义，而不是依靠天的祥瑞。④匪祥于天，兹惟贞符哉：不依靠天的祥瑞，这才是真正的吉祥。贞，正。

【译文】政权的更替，不在于天，而在于人心；吉利与否，不在于祥瑞，而在于仁义。只有依靠人的仁义，而不是依靠天的祥瑞，不依靠天的祥瑞，这才是真正的吉祥。从来没有不仁不义的政权而能长久存在的，从来没有依靠祥瑞而能长寿的。

2. 生植与灾荒，皆天也；法制与悖乱，皆人也。二之而已，其事各行不相预①，而凶丰理乱出焉。

【注释】①二之而已，其事各行不相预：天与人，是事物的两个方面，各有其运行规律，而互不相干。

【译文】万物生长与自然灾害，都是客观的自然现象。法制井然与社会动荡，都是源于人的。天与人，是事物的两个方面，各有其运行规律，互不相干，由此而导致年岁的好坏和国家的治乱。

（六）陆九渊

愚人不能迁善远罪，但贪求富贵，却祈神佛以求福。不知神佛在何处，何缘得福以与不善之人也？

——《陆九渊集》卷二十三

【译文】愚蠢的人不能依善行事远离罪恶，只是贪求富贵，祈求神佛的保佑。不知神佛在什么地方，为什么会把福气授予不善之人呢？

（七）孙中山

予于耶稣教之信心，随研究科学而薄弱。予在香港医学校时，颇感耶稣教之不合伦理，固不安于心，遂至翻阅哲学书籍。当时予之所信，大倾于进化论。

宗教的感觉，专是服从古人的经传。古人所说的话，不管他是对不对，总是服从，所以说是迷信。就宗教和科学比较起来，科学自然较优。

——《孙中山全集》第八卷

第十六章

和谐篇

一、导　读

和谐源自中庸。

在过去，中庸曾被视为保守，视为圆滑，视为不思进取。而对于中庸真正的含义，很多人往往道听途说，一知半解。

何谓中庸？中庸即中道而行，不偏不倚，不左不右，不消极，也不冒进，依乎常理，顺乎人情。对于一个人来说，能行中庸之道，往往意味着稳健、谦和、宽容，不会做出违法乱纪、违背良心道德的事情来；对于一个国家来说，能行中庸之道，则往往意味着和谐、稳定，政策循序渐进，百姓各安其所，经济持续发展。

与中庸对应的是极端。而极端则容易带来冲突，带来斗争，带来社会的动荡和不安。

毫无疑问，20世纪是一个充满极端的世纪，各种极端的思潮、主义、运动，层出不穷，这在100年中给世界带来无数的冲突、内乱、分裂和战争，也给人类带来巨大的痛苦和灾难。

即使到了21世纪，世界上各种极端主义并未出现退潮的迹象，旧的极端消失了，新的极端又涌现了，宗教的，种族的，意识形态的，形形色色，不一而足。极端者之间相互对立，互为仇敌，稍有争执，便不惜兵戎相见，互相残杀，将许多和平稳定的国家，弄得四分五裂，家破人亡，以至反对极端主义，反对恐怖主义，成了当今许多国家施政的一个重要内容。而在个别国家，极端主义或隐藏的极端主义者凭借选民的支持，堂而皇之地登上了历史的舞台，使整个国家都呈现出一种极端的面貌，给人类的发展带来诸多难以预测的隐患。

民主政治在多数时候，能按中庸之道行事，但民主本身无法阻止极端政治的出现。尤其在经济下滑，民生艰难的时候，极端主义者往往能利用选民的怨愤情绪轻易获得政权，纳粹和法西斯，都是通过民主的途径登上政治舞台的。中东一些具有极端倾向的宗教组织，由于拥有大量的忠实信徒，在民主制下，比之世俗政党更容易获取选民的支持。

极端主义在中国，几乎没有容身之地。因为掌握主流舆论的知识分子，大多受过良好的儒家教育，无论在政策上，还是在人伦规范上，大多能依乎常理，顺乎人情，很少表现出让人难以理喻的极端倾向。

与和谐相对应的是斗争。

从历史发展的事实来看，越是和谐稳定、没有斗争的年代，经济和科技越能得到长足发展，人民的生活更加幸福安宁；而越是动荡、斗争越激烈的年代，不仅经济和科技会出现巨大的倒退，人民也会承受巨大的痛苦和灾难。

中国历史上有几个称之为"盛世"的时期，如文景之治，光武中兴，贞观之治，开元盛世，北宋前期，康乾盛世，改革开放之后。这些时期有一个共同的特点：国家长期和平；经济持续发展；百姓安居乐业。尤其是两汉和北宋时期，科学技术出现了许多重大突破，如两汉时期出现的冶铁技术、纺织机械、造纸工艺、船舶制造，都处于世界领先水平，其中，造纸术更成了世界四大发明之一。北宋时期的经济与科技发展水平则达到了前所未有的高度，四大发明中的三大发明，指南针、火药、活字印刷均出现于北宋时期。

近代西方国家，经济的高速发展，科技的日新月异，也是发生在一个相当长的和平时期。工业革命之所以率先在英国发生，无疑得益于英国光荣革命后长期的稳定与和平，而同一时期的法国，革命不断，内战不断，统治阶层朝不保夕，普通百姓惶恐不安，不仅科技得不到发展，经济也长期停滞不前。虽然法国涌现了一大批杰出的启蒙思想家，但法国自始至终没有成为像英国那样盛极一时的强大帝国。今天美国的强大和繁荣，同样得益于其自南北战争之后，国内长期的稳定与和平。

对人类来说，和平即代表着进步，而和平来自社会的和谐，来自政策的中庸。

深受暴力和极端思潮影响的非洲和中东，很多国家至今仍战乱不已。发动暴力的人们满以为通过暴力便可带来和平与发展，而实际上暴力之后仍是暴力！

孔子思想产生于乱世，正是看到暴力和极端给普通百姓所带来的危害，才不断鼓吹"仁政"，倡导"中庸"，提倡和谐的重要。统治阶层只有实行"仁政"，按"中道"行事，不走极端，慎用暴力，才能避免社会出现剧烈动荡，也才能给社会带来长久的和谐与进步。

二、经典选读

（一）孔子

1. 子绝四：毋意①、毋必②、毋固③、毋我④。

——《论语·子罕》

【注释】①意：臆测、猜疑。②必：必定，非要如此。③固：固执己见。④我：以自我为中心。

【译文】孔子没有四种毛病：不主观臆测，不非要如此，不固执己见，不以自我为中心。

2. 子曰："君子和而不同①，小人同而不和。"

——《论语·子路》

【注释】①和：不同的东西和睦相处。同：指事物完全相同，或意见完全一致。

【译文】孔子说："君子能与人和睦相处，但并不盲目附和；小人追求整齐划一，而实际并不和谐。"

3. 子贡问："师与商也孰贤①？"子曰："师也过，商也不及。"

曰："然则师愈与②？"子曰："过犹不及。"

—— 《论语·先进》

【注释】①师与商也孰贤：子张与子夏谁更优秀一些？师，即颛孙师，字子张；商，即卜商，字子夏，两人皆为孔子弟子。②愈：胜过，更好。

【译文】子贡问道："子张与子夏谁更优秀一些？"孔子回答："子张做事有些过头，子夏做事有些不到位。"子贡追问道："子张是不是更好一些？"孔子回答道："过头跟不到位是一样的。"

4. 子曰："中庸之为德也，其至矣乎①！民鲜久矣②。"

—— 《论语·雍也》

【注释】①其至矣乎：达到了极致的地步。②民鲜久矣：人们缺少这种道德已经很久了。鲜，缺少。

【译文】孔子说："中庸作为一种道德，算是达到极致了吧！人们缺少这种道德已经很久了。"

（二）史伯

史伯：西周末期思想家，生卒年不可考，比老子、孔子约早200多年。掌管起草文告、册命诸侯、记录史事、编写史书，兼管国家典籍、天文历法等，为朝廷重臣。

夫和实生物，同则不继①。以他平他谓之和②，故能丰长而物归之；若以同裨同③，尽乃弃矣④。故先王以土与金木水火杂，以成百物。是以和五味以调口，刚四支以卫体⑤，和六律以聪耳，正七体以役心⑥，平八索以成人⑦，建九纪以立纯德⑧，合十数以训百体⑨。出千品，具万方，计亿事，材兆物⑩，收经入⑪，行姟极⑫。故王者居九姟之田，收经入以食兆民，周训而能用之⑬，和乐如一。夫如是，和之至也。于是乎先王聘后于异姓，求财于有方⑭，择臣取谏工⑮，而讲以多物⑯，务和同也。声一无听⑰，物一无文⑱，味一无果⑲，物一不讲⑳。

——《国语·郑语》

【注释】①和：不同的事物和睦共处；同：同一事物不断累积；继：持续。②他：不同的事物；平：平衡，平等相处。③裨（bì）：增益。④弃：弃止，结束。⑤刚：强健；支：四肢。⑥正：端正；七体：七窍；役心：为心服务。⑦八索：身体的八个部位。⑧纪：法则。⑨十数：十个等级；百体：百官各有所体，意指百官部属。⑩材：同"裁"，经营的意思。⑪经：常。⑫姟极：广大无边。一万万为姟。⑬周训：教以忠信；忠信为周。⑭有方：四方。⑮择臣取谏工：选取敢于讲真话的人来当官吏。⑯讲：论较，品评。多物：事物的多样性。⑰声一无听：一种声响不成音乐，没有听头。一，单一。⑱物一无文：一种颜色不成文采，没有看头。⑲味一无果：一种味道不成美食，没有吃头。⑳物一不讲：一种事物没有比较，无法品评。

【译文】和谐才能生成万物，整齐划一则难以持续发展。不同的事物平等相处叫作和谐，此所以能促进发展而使万物和睦相处；如果世界只是同一事物累积相加，最终就会停止发展。所以先王把土和金、木、水、火相配合，而生成万物。因此调配五种滋味来适合人的口味，强健四肢来保卫身体，调和六种音律使它动听悦耳，端正七窍来为心服务，协调身体的八个部分使人完整，设置九种法则以树立纯正的德行，设立十个等级来训导百官。于是产生了千种品位，具备了万种方法，计算成亿的事物，经营万亿的财物，取得万兆的收入，采取无数的行动。所以君王拥有九州辽阔的土地，取得收入来供养万民，用忠信来教化和使用他们，使他们协和安乐如一家人。能做到这一点，则达到和谐的极致了。于是先王从异姓家族中聘娶王后，向四方各地求取财货，选择敢于直谏的人来做官吏，而强调事物的丰富多彩，致力于事物的和谐统一。只是一种声音就没有听头，只是一种颜色就没有文采，只是一种味道就不称其为美味，只是一种事物就无法进行衡量比较。

（三）子思

子思：名孔伋，字子思，孔子嫡孙，孔鲤的儿子，受教于孔子弟子曾参。孔子学说由曾参传子思，子思的门人再传孟子。后人把子思、孟子并称为"思孟学派"。相传《中庸》一书为子思所作。子思在儒家学派的发展史上占有重要地位，上承孔子中庸之学，下开孟子心性之论，并由此对宋代理学产生了重要影响。

1. 喜怒哀乐之未发，谓之中①；发而皆中节②，谓之和。中也者，天下之大本也；和也者，天下之达道也。致中和，天地位焉，万物育焉③。

——《中庸》

【注释】①中：不偏不倚。②中节：符合规范，有所节制。③致中和，天地位焉，万物育焉：达到了中和的状态，天地各安其位，万物蓬勃发展。

【译文】喜怒哀乐没有表现出来，称为"中"。表现出来都符合常理，称为"和"。"中"，是天下的根本；"和"，是贯通天下的原则。达到"中和"的境地，天地各安其位，万物蓬勃发展。

2. 子曰："舜其大知也与！舜好问而好察迩言①，隐恶而扬善，执其两端，用其中于民②。其斯以为舜乎！"

——《中庸》

【注释】①迩言：浅近之言。②执其两端，用其中于民：广泛听取不同意见，采取适宜于老百姓的折中办法。

【译文】孔子说："舜帝应该算是有大智慧的人！好提问并且善于观察浅近之言，隐藏别人的坏处，宣扬别人的善行，对相反两种不同的意见，能折中采纳以适合于百姓的要求。这大概就是舜之所以成为舜的地方吧。"

3. 子曰："素隐行怪①，后世有述焉②，吾弗为之矣。君子遵道而行，半途而废，吾弗能已矣。君子依乎中庸，遁世不见知而不悔③，唯圣者能之。"

——《中庸》

【注释】①素隐行怪：索隐暗之事，行怪异之道。素：同"索"，求索。②后世有述焉：为后世所称道。③遁世：离世，终生。

【译文】孔子说："索隐暗之事，行怪异之道，即便能为后世所称道，我也不会这样做。君子按道行事，有的人半途而废，但我不能中途停止。真正的君子遵循中庸之道，即使一辈子默默无闻也绝不后悔，只有圣人才能做到这一点。"

（四）董仲舒

中者，天地之所终始也；而和者，天地之所生成也。夫德莫大于和，而道莫正于中。中者，天地之达理也，圣人之所保守也。诗云："不刚不柔，布政优优①。"此非中和之谓与！是故能以中和理天下者，其德大盛，能以中和养其身者，其寿极命。

——《春秋繁露·循天之道》

【注释】①不刚不柔，布政优优：不刚猛不柔弱，施政平和通达。

【译文】中庸之道，与天地相终始；和谐之气，则是天地之所生成。人的品德以和谐为最高境界，而自然之道以中庸最为公正。所谓中庸，是天地之间通行的道理，是圣人所坚守的东西。诗经上说："不刚猛不柔弱，施政平和通达。"这不正是对中和的解释？所以能用中和的思想来治理天下的，国家必定会昌盛；能用中和的思想来养生的，个人必定会高寿。

（五）朱熹

1. 朱子曰：一草一木，皆天地和平之气。

——《朱子语类》卷四

2. 朱子曰：常人之学，多是偏于一理，主于一说，故不见四旁，以起争辩，圣人则中正和平，无所偏倚。

——《朱子语类》卷八

3. 先生爱说"恰好"二字，云："凡事自有恰好处。"

——《朱子语类·杂记言行》

第十七章

舆论篇

一、导　读

很多人往往将专制时代对舆论的钳制，归因于儒家思想，实在是对儒家莫大的误解。

儒家思想产生于一个言论开明的时代，各种思潮和流派，都可以自由表达，自由传播，除了各派之间的相互批评外，很少受到来自政府部门的压力，某个诸侯即便不喜欢某一流派的观点，也绝不会要置之死地而后快。孔子一生大多处于在野状态，即使有过短暂的为官经历，但当自己的政治主张难以付诸实施时，他选择的往往是辞职，而非迎合。他的许多言论和思想即在他辞官以后，对时政的一种批评。他听说鲁国当权者季孙氏僭越天子之礼来举办舞会后，十分严厉地批评道："八佾舞于庭，是可忍，孰不可忍？"他对鲁国的经济政策也多有批评，并大声疾呼"苛政猛于虎"。对卫灵公、齐景公等大权在握的诸侯，他也毫无畏惧，敢于直指其非。

孔子所著《春秋》更是一部舆论批评的典范，以至《春秋》一出，而乱臣贼子惧。在没有新闻的年代，修史成了知识分子表达政见、对权力进行监督的重要途径。这一传统在中国延续了 2000 多年，后世史官因秉笔直书而惨遭杀害之事，时有发生。

对待持不同意见者，孔子向来反对使用暴力，而主张通过说服感化的途径达到一致。鲁国权臣季康子曾问政于孔子："如杀无道，以就有道，何如？"孔子回答说："子为政，焉用杀。子欲善，而民善矣。"与孔子同时代的子产，因为不毁乡校，允许百姓公开议论时政，受到孔子的高度评价："以是观之，人谓子产不仁，吾不信也。"

儒家知识分子因为沿袭了这一传统，才导致"焚书坑儒"事件的发生。

中国社会，对异端大都采取一种宽容的态度，即使在"独尊儒术"之后，其他流派的书籍和思想，同样可以广泛传播，以至很长一段时间内，儒释道三家并行不碍。基督教和伊斯兰教自7世纪传入中国后，也没有遭到政府的刻意打压，只是因为文化背景的差异，才导致信教者寥寥。儒家善待异己的主张，使得中国文明呈现出一种开明和包容的态度。

很多人拿孔子诛杀少正卯一事，当作儒家主张控制舆论的一个例证。该事在先秦典籍中，仅见于《荀子》一书，但事之有无，一直备受质疑。一则孔子一生行迹，均一一体现于《论语》之中，如此重大事项，《论语》竟不着一字，同时代的《左传》《国语》也全无记载；二则诛杀异己，与孔子一贯包容异己的主张大相径庭；三则孔子代行宰相职务仅七天时间，要在这么短的时间内诛杀另一个大夫，几乎无此可能；四则先秦诸子每欲自证其观点，均好假托孔子之言，《庄子》《韩非子》等书讲述孔子事迹者，不下数十，然无人信其为真。荀子假托孔子事迹以支持自己的主张，与当时的风气颇相符合；五则如果少正卯实有其人，且学生人数远超孔子，为何没有留下片言只语？如此优秀的老师被杀，而学生们竟都不置一词，与勇于发声的先秦风气也完全不相吻合。

二、经典选读

（一）孔子

1. 季康子问政于孔子曰："如杀无道，以就有道，何如？"孔子对曰："子为政，焉用杀。子欲善，而民善矣。君子之德风①，小人之德草，草上之风，必偃②。"

——《论语·颜渊》

【注释】①君子之德风：君子的品德像风一样。②偃：倒。

【译文】季康子向孔子请教如何处理政事时说："如果杀掉无道的人来成全有道的人，怎么样？"孔子回答说："您执政何必用杀戮的手段，您只要心存善念，老百姓就会很善良。执政者的品德就像风一样，百姓的品德就像草一样，草被风一吹，必定会倒向一边。"

2. 子曰：攻乎异端，斯害也已。

——《论语·八佾》

【译文】孔子说："攻击与自己不同的观点，这样会带来很大的危害。"

3. 郑人游于乡校以论执政①，然明谓子产曰②："毁乡校何如？"子产曰："何为？夫其所善者，吾则行之；其所恶者，吾则改之。是吾师也，若何毁之？"然明曰："若果行此，郑国实赖之。"仲尼闻之曰："以是观之，人谓子产不仁，吾不信也。"

——《左传》

【注释】①乡校：地方上的学校，又是百姓聚集之所。②然明：郑国大夫。

【译文】郑国百姓聚集在乡校，议论时政，大夫然明对子产说："把乡校关掉怎么样？"子产说："为什么？他们说得对的，我就依照执行；他们所厌恶的，我就去改正。乡校是我的老师，为何要关闭？"然明说："如果真的照此执行，实是郑国的依靠。"孔子听到这个事情后说："从这一点来看，别人说子产不仁，我是不会相信的。"

217

（二）左丘明

1. 厉王虐①，国人谤王。召公告曰②："民不堪命矣！"王怒，得卫巫③，使监谤者。以告，则杀之。国人莫敢言，道路以目④。

王喜，告召公曰："吾能弭谤矣⑤，乃不敢言。"

召公曰："是障之也⑥。防民之口，甚于防川。川壅而溃⑦，伤人必多，民亦如之。是故为川者决之使导，为民者宣之使言。故天子听政，使公卿至于列士献诗，瞽献曲⑧，史献书⑨，师箴⑩，瞍赋⑪，矇诵⑫，百工谏，庶人传语，近臣尽规⑬，亲戚补察，瞽、史教诲，耆、艾修之⑭，而后王斟酌焉，是以事行而不悖。民之有口也，犹土之有山川也，财用于是乎出；犹其原隰之有衍沃也⑮，衣食于是乎生。口之宣言也，善败于是乎兴。行善而备败⑯，其所以阜财用衣食者也⑰。夫民虑之于心而宣之于口，成而行之，胡可壅也？若壅其口，其与能几何？"

王不听，于是国人莫敢出言。三年，乃流王于彘⑱。

——《国语》

【注释】①厉王：周厉王，名姬胡，公元前879—公元前843年在位。②召公：名虎，周厉王时大臣。③卫巫：卫国巫者。④道路以目：路上相遇，只能以目相视，表达心中的愤怒。⑤弭谤：消除指责声音。⑥障：阻塞。⑦壅：壅塞。⑧瞽：乐官。古代乐官多由盲人担任，故称瞽。⑨史：史官。⑩师箴（zhēn）：少师诵读箴言。⑪瞍（sǒu）赋：无眼珠的盲人吟诵诗歌。瞍：无眼珠的盲人。⑫矇（méng）诵：有眼珠的盲人吟诵谏言。矇：有眼珠的盲人。⑬尽规：尽规劝之责。⑭耆（qí）、艾修之：元老故旧搜集整理。六十称耆，五十称艾。⑮原隰（xí）：平原低湿之地；衍沃：平坦肥沃之田。⑯备败：防备败落。⑰阜：富饶。⑱流：流放；彘（zhì）：地名，在今山西霍县。

【译文】周厉王很残暴，遭到百姓的指责。召公对厉王说："老百姓不堪忍受了！"厉王听了勃然大怒，找到卫国巫师，让巫师去监视批评国王的人。根据卫巫的报告，就杀掉批评者。于是没人敢随便说话了，即便路上碰到了，也只能以目示意。

周厉王颇为得意，对召公说："我能消除指责的言论，没人敢乱讲话了。"

召公回答说："你这样做是阻塞言路。防民之口，比防河川还厉害。河道因堵塞而造成决口，会伤害很多人，防民之口，后果是一样的。所以治水的人疏通河道使它畅通，治理百姓的人开导他们使之畅所欲言。所以君王处理政事，让三公九卿以至各级官吏进献诗歌，乐师进献乐曲，史官进献史籍，少师诵读箴言，无眸子的盲人吟诵诗篇，有眸子的盲人诵读谏言，掌管营建事务的百工不时进谏。平民则将自己的意见转达给君王，近侍之臣尽规劝之责，君王的同宗补其过失，察其是非。乐师和史官以歌曲、史籍加以谆谆教导，元老们再进一步搜集整理，然后由君王斟酌取舍，这样，国家的政事实施时就不会逆天悖理。老百姓有口，就像大地有高山河流一样，社会的财富全靠它产出；又像高原和低地都有平坦肥沃的良田一样，人类的衣食所需全靠它产生。人们通过嘴巴发表议论，政事的成败得失就能表露出来。人们以为好的就尽力实行，以为失误的就设法预防，这是增加衣食财富的途径。人们心中所想的就要通过言语表达出来，通过行动予以实施，怎么能予以堵塞呢？如果硬是要堵住老百姓的口，那愿意跟随你的还会有多少人呢？"

周厉王不听，于是老百姓再也不敢公开说话了。过了三年，人们把周厉王流放到彘地去了。

2. 齐崔杼弑其君庄公①，太史书曰②："崔杼弑其君。"崔子杀之。其弟嗣书③，而死者二人。其弟又书，乃舍之。南史氏闻太史尽死④，执简以往⑤，闻既书矣，乃还。

——《左传·襄公二十五年》

【注释】①崔杼：春秋时齐国执政。公元前548年，齐庄公与崔杼之妻东郭姜通奸，被崔杼杀害。②太史：齐史官。③嗣：继续。④南史氏：齐国南部另一个史官。⑤简：史册。

【译文】齐国崔杼杀了齐庄公，齐太史记载下来："崔杼杀死了国君。"崔杼杀死了太史。他的弟弟接着这样写，因而也被杀死。太史还有一个弟弟又这样写，崔杼最后放过了他。南史氏听说太史都死了，拿了写好的竹简前去，听到已经如实记载了，这才打道回府。

（三）子思

1. 仲尼祖述尧舜①，宪章文武②，上律天时③，下袭水土④。辟如大地之无不持载，无不覆帱⑤，辟如四时之错行⑥，如日月之代明⑦。万物并育而不相害，道并行而不相悖。小德川流⑧，大德敦化。此天地之所以为大也！

——《中庸》

【注释】①祖述：效法前人学说。②宪章：遵从。文武：指周文王和周武王。③律：遵循。④袭：沿袭，按照。⑤覆帱（dào）：覆盖。⑥错行：交错运行。⑦代明：交替变化，循环发光。⑧小德川流：小的德行像河流一样永不停息。

【译文】孔子效法尧舜的治国之道，以文王、武王为典范，上遵循天时，下符合水土的运行。就像大地那样无所不承载，无所不覆盖。又好像四季的交错运行，日月的交替发光。万物一起生长而互不妨害，大道同时并行而互不冲突。小的德行川流不息，大的德行润泽万物。这就是天地的伟大之处啊！

2. 鲁穆公问于子思曰："何如而可谓忠臣？"子思曰："恒称其君之恶者，可谓忠臣矣。"公不悦，揖而退之。成孙弋见①，公曰："向者吾问忠臣于子思，子思曰：'恒称其君之恶者，可谓忠臣矣。'寡人惑焉，而未之得也。"成孙弋曰："噫，善哉，言乎！夫为其君之故杀其身者，尝有之矣。恒称其君之恶，未之有也。夫为其君之故杀其身者，效禄爵者也②。恒称其君之恶者，远禄爵者也。为义而远禄爵，非子思，吾恶闻之矣③。"

——《郭店楚墓竹简》

【注释】①成孙弋：鲁国大夫。②效禄爵者也：尽忠于他的职位。效，尽力，尽忠。③恶：怎能。

【译文】鲁穆公问子思道："什么样的人才能称作忠臣呢？"子思说："经常指出君主毛病的人，就可以称作忠臣了。"鲁穆公听了不高兴，子思作揖后就退下了。成孙弋觐见，鲁穆公说："刚才我问子思忠臣的事，子思说：'经常指出君主毛病的人，就可以称为忠臣了。'寡人很困惑，不明白他的意思。"成孙弋说："噫，这话说得好呀！为了君王的缘故而失去生命的人，过去曾经有过。经常指出君主毛病的人却从未有过。为了君王的缘故而失去生命的人，不过是尽忠于他的职位。经常指出君主毛病的人，却是远离爵禄的人。为了道义而远离爵禄，如果不是子思，我怎能听到这样的话呢？"

（四）王符

君之所以明者，兼听也；其所以暗者，偏信也。

——《潜夫论·明暗》

【译文】君主之所以开明，是广泛听取不同意见；君主之所以昏庸，是偏信自己喜欢的观点。

（五）李世民

1. 贞观八年，太宗谓侍臣曰："朕每闲居静坐，则自内省，恒恐上不称天心，下为百姓所怨。但思正人匡谏，欲令耳目外通，下无怨滞。又比见人来奏事者，多有怖慑，言语致失次第。寻常奏事，情犹如此，况欲谏诤，必当畏犯逆鳞。所以每有谏者，纵不合朕心，朕亦不以为忤。若即嗔责，深恐人怀战惧，岂肯更言！"

——《贞观政要·论求谏》

【译文】贞观八年，唐太宗对身边的大臣说："我每次闲居静坐，内心中便自我反省，经常担心上不合天意，下为百姓所怨恨。只希望得到正直者的匡救进谏，让自己听得到外面的消息，老百姓的不满也能及时上达。又频频见到有人来奏事，大多心怀畏惧，语无伦次。平时奏事，尚且这样，况且要进谏规劝，必定畏惧触犯龙颜。所以每次有人进谏，纵然不合我心，我也不以为忤。如果马上加以斥责，特别担心别人心怀恐惧，岂肯再说！"

2. 贞观八年，陕县丞皇甫德参上书忤旨，太宗以为讪谤。侍中魏征进言曰："昔贾谊当汉文帝上书云云'可为痛哭者一，可为长叹息者六'。自古上书，率多激切。若不激切，则不能起人主之心。激切即似讪谤，惟陛下详其可否。"太宗曰："非公无能道此者。"令赐德参帛二十段。

——《贞观政要·论纳谏》

【译文】贞观八年，陕县县丞皇甫德参上书触怒了太宗，太宗认为他是在诽谤。侍中魏征进言道："以前贾谊上书汉文帝时说'可为之痛哭的事情有一件，可为之长叹的事情有六件'。自古上书，大多很激切。若不激切，则不能打动君主的心。激切即近似诽谤，希望陛下仔细考虑一下我说的对不对。"太宗说："不是你不能说出这样的话来。"下令赐给皇甫德参二十段布匹。

3. 贞观十三年，褚遂良为谏议大夫，兼知起居注。太宗问曰："卿比知起居，书何等事？大抵于人君得观见否？朕欲见此注记者，将却观所为得失以自警戒耳。"遂良曰："今之起居，古之左、右史，以记人君言行，善恶毕书，庶几人主不为非法，不闻帝王躬自观史。"太宗曰："朕有不善，卿必记耶？"遂良曰："臣闻守道不如守官，臣职当载笔，何不书之？"黄门侍郎刘洎进曰："人君有过失，如日月之蚀，人皆见之。设令遂良不记，天下之人皆记之矣。"

——《贞观政要·论文史》

【译文】贞观十三年，褚遂良为谏议大夫，同时负责记录帝王的起居。唐太宗问他："你负责记录帝王起居，记载了一些什么样的事情？一般君主能不能看得到？我想看看你所记载的事情，了解这些事情的得失以警诫自己。"褚遂良说："现在的起居，即古代的左史、右史，以记载君主的言行，好的坏的都记载无遗，希望君主不做非法的事情，没听说帝王要亲自阅看史书的。"太宗说："我有不好的地方，你一定要记吗？"褚遂良说："我听说遵守道义不如坚守职责，我的职责是秉笔直书，为什么不记下来呢？"黄门侍郎刘洎进言道："君主有过失，就像日食月食那样，人人都看得到。即使遂良不记下来，天下人都看在眼里、记在心里了。"

现代儒家读本

（六）陆九渊

有道之世，士传言，庶人谤于道，商旅议于市，皆朝廷之所乐闻而非所禁也。

——《陆九渊集·卷二十四》

【译文】一个开明的时代，知识分子传播自己的学说，百姓在道路上批评政府，商人在市场上发表议论，都是朝廷喜欢听到而不应该予以禁止的事情。

（七）顾宪成

天下之是非，自当听之天下。

【译文】天下的是非得失，自然应该由天下人来评判。

（八）黄宗羲

学校，所以养士也。然古之圣王，其意不仅此也，必使治天下之具皆出于学校，而后设学校之意始备。非谓班朝、布令、养老、恤孤、讯馘①、大师旅则会将士、大狱讼则期吏民、大祭祀则享始祖，行之自辟雍也②；盖使朝廷之上，闾阎之细，渐摩濡染，莫不有诗书宽大之气；天子之所是未必是，天子之所非未必非，天子亦遂不敢自为非是，而公其非是于学校。是故养士为学校之一事，而学校不仅为养士而设也。

东汉太学三万人，危言深论，不隐豪强，公卿避其贬议；宋诸生伏阙槌鼓，请起李纲③；三代遗风，惟此犹为相近。使当日之在朝廷者，以其所非是为非是，将见盗贼奸邪慑心于正气霜雪之下④，君安而国可保也。乃论者目之为衰世之事，不知其所以亡者，收捕

223

党人，编管陈、欧⑤，正坐破坏学校所致⑥，而反咎学校之人乎⑦！

——《明夷待访录·原法》

【注释】①馘（guó）：俘虏。②辟雍：周朝为教育贵族子弟设立的太学，取四周有水，形如璧环为名。辟，同"璧"。③李纲：北宋末年抗金名将。宋钦宗时，因受主和派影响，准备免除李纲职务，数万太学生及市民闻讯聚集宫门外，捶鼓请愿，要求恢复李纲原职，继续抗金。钦宗无奈，只得恢复其职务。④慑（shè）心：恐惧，震慑。⑤陈：指陈东，北宋末年太学生首领，宋钦宗时曾上书请诛六贼，导致蔡京、梁师成等权臣被贬被杀；后又率众上书，请求起用主战派李纲。北宋灭亡后，为宋高宗所杀。欧：欧阳澈，北宋抚州崇仁（今属江西）人。金兵南侵，伏阙上书，力诋和议。后与陈东同时被杀。⑥坐：因为。⑦咎：指责，归罪。

【译文】学校，是培养读书人的地方。但是古代圣明君主的用意不仅仅停留于此，一定要使治理天下的方法都出自学校，这才是开设学校的全部目的。不是说朝廷会议、发布政令、供养老人、怜恤孤寡、统计战功、出兵征伐时检阅将士、审理案件时召集吏民、举行祭祀之时祭奠始祖等，这些事情都要在学校举行；而是要使朝廷上下，平民百姓之间，都要经过学校的熏陶、潜移默化，大家都具有一种诗书宽大的气象。天子认可的未必就是对的，天子否定的未必就是错的，天子也不敢自以为是，而把是非公开交给学校来判断。所以培养读书人固然是学校的职责之一，但是学校并不仅仅是为了培养读书人而设置的。

东汉有太学生三万人，敢于发表正直深刻的言论，不回避权贵，朝廷公卿大臣都畏惧他们的批评；宋代太学生聚集在宫门之外，擂鼓上书，请求起用李纲；三代遗风，只有这两件事还较为接近。如果当时在朝廷的执政者，以太学生的是非为是非，一定可以使心怀叵测者在大义凛然的氛围中心怀畏惧，君主可以安心，国家可以保全。但是一些人把这些事情看成衰世的表现，而不知道东汉与宋朝的灭亡，正是由于收捕党人，杀害陈东、欧阳澈，破坏了学校作为是非评判之所造成的，怎能反把责任推在太学生身上呢！

（九）王夫之

1. 拒谏者，古今之所谓大恶也。

——《读通鉴论》卷十

【译文】拒绝进谏的人，是古往今来最大的恶人。

2. 天下之足以丧德亡身者，耽酒嗜色不与焉，而好谀为最。

——《读通鉴论》卷十二

【译文】足以使一个君主道德败坏、丧国亡身的，嗜酒好色都不在其中，好听奉承话排第一。

第十八章

文学篇

一、导 读

中国古代文学的发达和兴盛，跟儒家的诸多文学主张是密不可分的。

儒家对于文学的主张，最重要的一点便是文以载道。自孔子开始，历代儒家几乎都认为，文章须有益于教化，有益于时事，有益于引导人们向善、向上、向美的方面发展。

文学所载的道，应该是古往今来人类社会永恒不变的"大道"，这个"大道"基于人性，本乎情理，包含着仁爱善良、公平正义、人间真情、乐观向上等符合人类自身发展需要的基本因素，而并非服从于某一时、某一人的"小道"。虽然"小道"也可以流行一时，诸如没有底线的歌功颂德、罔顾现实的曲意逢迎，但在人类历史发展的长河中，这一类文学作品注定转瞬即逝、缺少持久的生命力。以"小道"来否定文学应该承载的"大道"，显然是矫枉过正了。

无论怎么批评文以载道，但文学绝不能走到它的反面，文学不能倡导恶，不能倡导假，不能消极逃避、远离现实生活，或者沉溺于个人欲望的书写。缺少了"道"的文学，虽然可能符合少部分人的欣赏口味，但终究无益大多数人的生存需要。

在谈及儒家的文学主张时，人们往往只注重它的载道性，而忽略了它的批判功能。两千多年前，孔子就明确提出，诗"可以兴，可以观，可以群，可以怨"。其中所谓的"怨"，即是指文学的批判功能。

文学的批判功能，一直为历代知识分子所继承，但凡留传下来的文学经典，大都具有或轻或重的批判意味。

在儒家经典中，文学同样是个人情志的表达。孔子对诗的解释是："诗者，志之所之也，在心为志，发言为诗。"但孔子倡导的情志是"温柔敦厚"的，在抒写内心情感时委婉曲折，含蓄深沉，做到"怨而不怒""婉而多讽"。中国古代文学作品中虽然不乏情感的表达，但极少有西方文学中经常出现的那种喜不自胜或怒不可遏的狂热状态。这也正是中国人中庸、理性、宽厚的民族性格在文学作品中的具体体现。

儒家崇尚简洁质朴的文风。这一特点，从老子、孔子以来，就相沿成习。老子说："信言不美，美言不信。"孔子说："辞，达而已矣。"以致老子的《道德经》不过五千言，孔子的思想，虽包罗万象，也只留下薄薄的一部《论语》。

这种简洁明快的文风，不仅便于普通百姓易读易懂，也便于文化的普及和传承。

冯友兰以西方哲学的标准，批评中国哲学缺少系统性的宏大叙述，实在是对中国语言的一种误解，也是对中国哲学的一种误解。《论语》看似简单，不成体系，可是若将孔子思想分门别类，归纳总结，实则为一个大系统，政治、经济、军事、教育、文学，乃至为人处世，修身齐家，几乎无所不包。而西方一些喜欢在文字上绕来绕去的哲学著作，其生命力终究是有限的，即便产生过一定的影响，也是短暂的，一时的。

随着微博、微信的兴起，现在又重新流行起简洁的文风，可见孔子的文学观，与技术的进步并行不悖。

二、经典选读

（一）孔子

1.子曰："诗三百篇，一言以蔽之，曰：'思无邪'。"

——《论语·为政》

【译文】孔子说："《诗经》中三百首诗，用一句话来概括就是，'纯正而不虚伪'。"

2.子曰："质胜文则野①，文胜质则史②，文质彬彬③，然后君子。"

——《论语·雍也》

现代儒家读本 ●

【注释】①质胜文则野：过于质朴，毫无文采，则显得粗野。质，自然纯朴的状态；文，经过人工修饰之后的文采；野，粗野、鄙俗，没有艺术性。②史：虚伪，浮夸。③彬彬：比例协调，相杂适中。

【译文】子曰："质朴多于文采，则显得粗野。文采多于质朴，则显得浮夸。文质彬彬，便是君子了。"

3. 子曰："志于道，据于德，依于仁，游于艺。"

——《论语·述而》

【译文】孔子说："立志弘道，以德为本，以仁为归依，浸淫于诗书礼乐之中。"

4. 子在齐闻韶，三月不知肉味，曰："不图为乐之至于斯也①。"

——《论语·述而》

【注释】①不图：没想到。

【译文】孔子在齐国听人演奏韶乐后，三月尝不出肉的味道，对人说："没想到音乐的魅力达到了这种程度。"

5. 子在川上曰："逝者如斯夫，不舍昼夜。"

——《论语·子罕》

【译文】孔子在河岸边说："时光的流逝就像这河水一样，昼夜不息。"

6. 曾子曰："君子以文会友，以友辅仁。"

——《论语·颜渊》

【译文】曾子说："君子以文章学问来结交朋友，以朋友来促进仁德。"

7. 子曰："诵诗三百，授之以政，不达①，使于四方，不能专对②，虽多，亦奚以为？"

——《论语·子路》

【注释】①不达：不能运用自如。②不能专对：不能独立应对。

【译文】孔子说："熟读了《诗经》，让他处理政事，却不能运用自如；让他出使四方，却不能独立应对；读得再多，又有什么用呢？"

8. 子曰："辞①，达而已矣②。"

——《论语·卫灵公》

【注释】①辞：言辞，讲话。②达而已矣：把意思表达清楚就可以了。

【译文】孔子说："一个人的言辞，能把意思表达清楚就可以了。"

9. 子曰："小子，何莫学夫诗？诗可以兴①，可以观②，可以群③，可以怨④。迩之事父⑤，远之事君。多识于鸟兽草木之名。"

——《论语·阳货》

【注释】①兴：抒发情志。②观：观察事物。③群：结交朋友。④怨：批评讽谏。⑤迩：近。

【译文】孔子说："小子们，为什么不学诗呢？诗可以抒发情志，可以观察事物，可以结交朋友，可以批评讽谏。近可以侍奉父母，远可以侍奉君主，还可以认识很多鸟兽草木的名字。"

10. 诗者，志之所之也，在心为志，发言为诗。情动于中而形于言，言之不足，故嗟叹之；嗟叹之不足，故咏歌之；咏歌之不足，不知手之舞之足之蹈之也。

情发于声，声成文谓之音。治世之音安以乐，其政和；乱世之音怨以怒，其政乖；亡国之音哀以思，其民困。故正得失，动天地，感鬼神，莫近于诗。先王以是经夫妇①，成孝敬，厚人伦，美教化，移风俗。

——《诗大序》

【注释】①经夫妇：调节夫妻关系。经：治理，调节。

【译文】诗歌，是人们情志的表达，藏在心里就是情志，发出声音就是诗歌。

情感在心中被触动就形于言语，言语不足以表达，就长吁短叹，长吁短叹不足以表达，就放声歌唱，放声歌唱不足以表达，就会情不自禁地手舞足蹈。

情感发而为声音，声音变成曲调就成为音乐。太平时代的音乐安宁而欢乐，政治平稳和谐；动乱时代的音乐怨恨而愤怒，政治乖谬残暴；亡国时代的音乐悲哀而忧愁，百姓贫穷困顿。所以矫正得失，震动天地，感泣鬼神，没有比诗更合适的了。古代君王用诗歌来调节夫妻关系，养成孝敬风气，敦厚人伦纲常，完善道德教化，改变不良风俗。

11. 仲尼曰：志有之，言以足志①，文以足言②。不言谁知其志？言之无文，行而不远③。

——《左传·襄公二十年》

【注释】①言以足志：语言应当充分表达作者的心志。足，充分。②文以足言：文章应当充分发挥语言的作用。③言之无文，行而不远：语言没有成为文字，就不能流传久远。

【译文】孔子说："有某种志向，语言应当充分表达作者的心志，文章应当充分发挥语言的作用。不说，谁知道你的志向呢？语言没有成为文字，就不能流传久远。"

（二）荀子

人之于文学也，犹玉之于琢磨也。诗曰："如切如磋，如琢如磨①。"谓学问也。和之璧，井里之厥也②，玉人琢之，为天子宝。子贡、季路，故鄙人也，被文学，服礼仪，为天下列士。

——《荀子·大略》

【注释】①如切如磋，如琢如磨：加工象牙和骨头时，切了还要磋，加工玉石时，琢了还要磨，有精益求精之意。②厥：石块。

【译文】人们需要文学，就像玉石需要打磨一样。《诗经》上说："如切如磋，如琢如磨"，正是用来形容学问的。和氏璧，本是井底的一块石头，经过工匠的雕琢，才成为天子的宝物。子贡、子路，本来是粗野鄙夫，但经过文学的浸淫，礼仪的规范，成为天下尊敬的君子。

（三）曹丕

曹丕：字子桓，曹魏开国皇帝，魏武帝曹操长子。曹丕文武双全，八岁能提笔为文，善骑射，好击剑，博览古今经传，通晓诸子百家学说。在位期间，平定边患，击退鲜卑，与匈奴、氐、羌等外夷修好，恢复汉朝在西域的设置。曹丕自幼喜好文学，于诗、赋、文章皆有成就，尤擅长五言诗，所著《典论·论文》，是中国文学批评史上第一篇专题论文。

盖文章，经国之大业，不朽之盛事。年寿有时而尽，荣乐止乎其身，二者必至之常期，未若文章之无穷。是以古之作者，寄身于翰墨，见意于篇籍①，不假良史之辞②，不托飞驰之势，而声名自传于后。

——《典论·论文》

【注释】①篇籍：书卷文籍。②假：凭借。

【译文】文章，是治理国家的伟大功业，是可以永存不朽的盛事。人的生命总是有限的，荣华富贵也只能存在于有生之年，两者都有一个必定会到来的期限，而不能像文章那样可以无限流传下去。所以古代的作者，投身于写作，用文章书籍表达自己的思想，不必借助史家的言辞，也不必依托高官的权势，而声名自然能流传后世。

（四）刘勰

刘勰：字彦和，江苏镇江人，南朝梁代著名文学批评家。为官颇有清名。晚年在山东莒县浮来山创办定林寺，撰写订正经文，后出家，改名慧地。其所著《文心雕龙》，是中国历史上第一部系统的文学理论著作，其美学思想以儒家为基础，杂采佛道两家。

1. 文之为德也大矣①，与天地并生者，何哉？夫玄黄色杂，方圆体分②；日月叠璧③，以垂丽天之象；山川焕绮，以铺理地之形④。此盖道之文也。仰观吐曜，俯察含章，高卑定位。故两仪既生矣⑤，唯人参之⑥，性灵所钟，是谓三才。为五行之秀，实天地之心。心生而言立，言立而文明，自然之道也。

—— 《文心雕龙·原道》

【注释】①文之为德也大矣：文章的意义实在太大了。②玄黄色杂，方圆体分：天地的颜色最初混杂在一起，而现在天与地却判然有别。玄，天色；黄，地色；方圆，天地。③日月叠璧：日月像宝玉一样交相辉映。④以铺理地之形：以展示出大地条理分明的地形。⑤两仪：古典哲学中指"阴阳"，此处指天地。⑥唯人参之：唯有人类能和天地并立。

【译文】文章的意义实在太大了，它和天地同时并存，为什么会这样呢？从宇宙混沌到判然有别，日月像宝玉一样交相辉映，彰显出天上光辉灿烂的景象；山河纵横如同锦绣，展示出条理分明的地形。这些是自然之道所展示出来的文采。天上日月照耀，地上文采焕然，天地的位置高低分明。所以天地形成后，唯有人类能和天地并立，合称为"三才"。人为万物之灵，是天地的核心。因为人有思想感情，从而产生出语言；语言出现后，就形成了文章，这是自然的道理。

2. 文变染乎世情①，兴废系乎时序②，原始以要终③，虽百世可知也。

—— 《文心雕龙·时序》

【注释】①文变染乎世情：文章的变化总是受世事的影响。染，感染，影响。②兴废系乎时序：文体的兴废总是和时代的更替息息相关。③原始以要终：推究它的本源，以领会它的结果。原，推究；要，领会，理解。

【译文】文章的变化总是受世事的影响，文体的兴废总是和时代的更替息息相关，推究它的本源，以领会它的结果，即使是一百个世纪内的文章，也能看出它发展的脉络。

（五）韩愈

大凡物不得其平则鸣：草木之无声，风挠之鸣。水之无声，风荡之鸣。其跃也①，或激之；其趋也②，或梗之③；其沸也，或炙之④。金石之无声，或击之鸣。人之于言也亦然，有不得已者而后言。其歌也有思，其哭也有怀，凡出乎口而为声者，其皆有弗平者乎！

乐也者，郁于中而泄于外者也，择其善鸣者而假之鸣。金、石、丝、竹、匏⑤、土、革、木八者，物之善鸣者也。维天之于时也亦然⑥，择其善鸣者而假之鸣。是故以鸟鸣春，以雷鸣夏，以虫鸣秋，以风鸣冬。四时之相推敚⑦，其必有不得其平者乎？

其于人也亦然。人声之精者为言，文辞之于言，又其精也，尤择其善鸣者而假之鸣。其在唐、虞，咎陶、禹，其善鸣者也，而假以鸣，夔弗能以文辞鸣⑧，又自假于《韶》以鸣。夏之时，五子以其歌鸣⑨。伊尹鸣殷，周公鸣周。凡载于《诗》《书》六艺，皆鸣之善者也。周之衰，孔子之徒鸣之，其声大而远。传曰："天将以夫子为木铎。"其弗信矣乎！其末也，庄周以其荒唐之辞鸣。楚，大国也，其亡也以屈原鸣。臧孙辰⑩、孟轲、荀卿，以道鸣者也。杨朱、墨翟、管夷吾、晏婴、老聃、申不害、韩非、慎到、田骈、邹衍、尸佼⑪、孙武、张仪、苏秦之属，皆以其术鸣。秦之兴，李斯鸣之。汉之时，司马迁、相如、扬雄，最其善鸣者也。其下魏晋氏，鸣者不及于古，然亦未尝绝也。就其善者，其声清以浮，其节数以急，其辞淫以哀，其志弛以肆；其为言也，乱杂而无章。将天丑其德莫之顾邪⑫？何为乎不鸣其善鸣者也！

——《送孟东野序》

【注释】①跃：波浪腾涌。②趋：急速奔流。③梗：阻塞。④炙：烧烤。⑤匏（páo）：球体葫芦，也是古代八音之一。⑥时：季节。⑦推敚（duó）：推移。⑧夔：古代音乐家，受到舜的赏识提拔为乐官，主理乐舞之事，编导了乐舞《箫韶》。⑨五子：夏代国王太康贪图享乐，长期打猎不归，国都被后羿侵占。太康的五个弟弟和母亲被赶到洛河边，作《五子之歌》，以抒发亡国之痛。⑩臧孙辰：臧文仲，春秋时鲁大夫，历事鲁庄公、闵公、僖公、文公四君，以贤能著称。⑪尸佼：战国时期政治家、思想家，先秦诸子百家之一，魏国曲沃人，被称为"尸子"。提出"四方上下曰宇，往古来今曰宙"的思想。⑫将天丑其德莫之顾邪：难道是上天厌弃这个时代的风尚而弃之不顾吗？

【译文】大概事物不得其平就会发出声音。草木没有声音，风却摇动它发出声响来。水流没有声音，风却激荡它发出声响来。波浪腾涌，是因为水流不畅；急速奔流，是因为水势受阻；水波沸腾，是因为炙烤不断。钟、磬没有声音，敲击它就会发出声响来。人在言语上也是这样，到了不可抑制时便会发出声音来。他们的歌声充满忧思，他们的痛哭充满怀念。凡是从口中发出来的声音，是不是都因为不得其平呢？

音乐，是郁结于心中而向外发泄出来的声音，它常常选择那些善于发声的东西并借以发出声音。金、石、丝、竹、匏、土、革、木八种乐器，是自然界善于发声的器物。天地对于季节的变化也是这样，选择那些善于发声的东西并借以发出声音。所以春天让百鸟鸣唱，夏天让雷声大作，秋天让虫声唧唧，冬天让大风呼啸。四时的推移变化，是不是也因为不得其平呢？

对于人来说也是这样。人声的精华是语言，而文辞，乃是精华中的精华，尤其要选择那些善于发声的人来借以发出声音。在唐尧、虞舜时期，咎陶、大禹是最善于发声的，就借他们以发出声音。夔不能用文辞发声，就借助《韶》乐来发声。夏朝时，太康的五个弟弟用他们的歌唱来发声。伊尹为商朝发出了声音，周公为周朝发出了声音。凡是记载在《诗经》《尚书》等六经上的文辞，都是善于发出声音的。周朝衰落后，孔子和他的弟子发出了声音，他们的声音宏大而久远。史传上说："老天将让孔子成为木铎来教化天下。"难道能不相信吗？到周朝末年，庄周用他荒唐的文辞来发出声音。楚国是一个大国，其灭亡时让屈原来发出声音。臧孙辰、孟轲、荀卿用大道来发出声音。杨朱、墨翟、管夷吾、晏婴、老聃、申不害、韩非、慎到、田骈、邹衍、尸佼、孙武、张仪、苏秦一类人，都用他们各自的学说来发出声音。秦朝兴起时，让李斯发出声音。汉朝时，司马迁、司马相如、扬雄，是最善于发声的几个人。这以后到魏晋时期，发出的声音虽赶不上古代，但也从来没有中止过。就其中好的来说，他们的声音清丽而浮华，节奏频繁而急促，语言淫靡而哀婉，意志松弛而放纵，他们的文章，杂乱而没有章法。难道是上天厌弃这个时代的风尚而弃之不顾吗？为什么不让那些善于发声的人来发出声音呢？

（六）白居易

白居易：字乐天，号香山居士，太原人，唐代三大诗人之一。其诗早年与元稹齐名，称"元白"，两人共同发起了"新乐府运动"；晚年与刘禹锡齐名，称为"刘白"。元和年间任左拾遗，写了大量讽喻诗，代表作有《秦中吟》和《新乐府》。后因得罪权贵，被贬为江州司马。晚年好佛。著作有《白氏长庆集》，代表诗作有《长恨歌》《卖炭翁》《琵琶行》等。

自登朝来，年齿渐长，阅事渐多。每与人言，多询时务；每读书史，多求理道。始知文章合为时而著，歌诗合为事而作。

古人云："穷则独善其身，达则兼济天下。"仆虽不肖，常师此语。大丈夫所守者道，所待者时。时之来也，为云龙，为风鹏，勃然突然在，陈力以出。时之不来也，为雾豹，为冥鸿①，寂兮寥兮，奉身而退。进退出处，何往而不自得哉。故仆志在兼济，行在独善，奉而始终之，则为道；言而发明之，则为诗。谓之讽谕诗，兼济之志也；谓之闲适诗，独善之义也。故览仆诗，知仆之道焉。

——《与元九书》

【注释】①冥鸿：在云中飞翔的鸿雁，意喻避世隐居之士。

【译文】自从到朝廷做官以来，年龄渐长，阅事渐多。每逢与人说话，大多询问时政；每逢阅读经史，大多探求治国之道。开始明白文章应为时代而写，诗歌应为现实而作。

古人说："穷则独善其身，达则兼济天下。"我虽然没有才能，常以此作为做人的准则。大丈夫所坚守的是道，所等待的是时机。时机来了，则为云中之龙，风中之鹏，昂扬奋发，竭尽全力。时机不来，则为雾中之豹，为云中之雁，甘于寂寞，隐身山林。无论出仕还是退隐，哪种情形都能自得其乐。所以我的志向在兼济天下，修行在独善其身，自始至终都信奉这一点，便合于道了。通过语言表达出来，就成为诗歌。那些讽喻诗，表达的是兼济的志向；那些闲适诗，表达的是独善的操守。所以读我的诗，便可知我的为人了。

（七）周敦颐

周敦颐：字茂叔，号濂溪，湖南道县人，北宋理学开山鼻祖。周敦颐性情朴实，信古好义，不慕钱财，爱谈名理，酷爱莲花，著有《爱莲说》以明志。程颢、程颐兄弟均为其弟子。卒于宋神宗熙宁六年，因贫穷无力回乡，葬庐山栗树岭。著作有《太极图说》《通书》。其学说对宋明理学的发展产生了深远影响。

237

文所以载道也。轮辕饰而人弗庸①，徒饰也，况虚车乎②。

——《通书·文辞》

【注释】①庸：同"用"。②况虚车乎：何况车子无人使用。

【译文】文章是用来说明道理，阐释思想的。车子装饰得很漂亮而不用来载人，只是空有其表，何况是无人使用的车子。

（八）顾炎武

君子之为学，以明道也，以救世也。徒以诗文而已，所谓雕虫篆刻，亦何益哉？

——《亭林文集》

【译文】君子做学问，是为了阐明道理，弘扬思想。如果仅仅是诗词文章，只是所谓的雕虫小技，又有什么益处呢？

第十九章

过时篇

一、导 读

　　儒家思想产生于2000多年前，部分观点不合时宜，在所难免。但就整体而言，孔子思想中，不具有现代性的内容，只是很小很小的一部分。其绝大部分思想，都本乎人性，缘自现实，不具功利目的，故能历久弥新，与时俱进，即使在2000多年后，仍能焕发出蓬勃的生命力。今天谈到儒家思想中的一些糟粕，实非孔子所固有，而是经由历代儒生不断添加附会，凭空臆造出来的一些东西，如汉代出现的天人合一说、三纲五常说，宋代出现的理气说、天理人欲说，明代出现的心外无理说。这些学说，都曾风行一时，影响深远。但在今天看来，有的明显已与科学不相符，有的则与人性相背离，有的甚至已完全违背了孔子的本意。而这些学说至今还挂在儒家的名下，借儒家之名而广为流传，因此指出它们的错谬乖离之处，让现代人对儒家有一个更准确明白的认识，实在是一件非常必要的事情。

二、经典选读

（一）孔子

　　1.子曰："夷狄之有君，不如诸夏之无也。"

——《论语·八佾》

　　【译文】孔子说："边远的国家虽有君主，还不如中原诸国没有君主。"

现代儒家读本

【解析】这句话的本意是，华夏各国因为受礼乐刑政的制约，即使没有国君，老百姓也能循规蹈矩，安分守己。这在当时或许是一种普遍现象，因为华夏诸国开发早，文明程度相对较高，而周边蛮夷小国，因受经济与交通的制约，发展水平相对落后，两者在制度文化建设上存在较大差距。但是随着文明的相互融洽和交流，这种状况早已得到改变，人们对于世界的认识，对于普世价值的认同，已渐趋一致。不同的民族有着不同的语言，不同的宗教，不同的法律制度，它们都是人类文明的重要组成部分。再抱着这种四海之内，唯我独尊的文化心理，显然已不合时宜。

2. 樊迟请学稼。子曰："吾不如老农。"请学为圃①，曰："吾不如老圃。"樊迟出，子曰："小人哉，樊须也。上好礼，则民莫敢不敬；上好义，则民莫敢不服；上好信，则民莫敢不用情。夫如是，则四方之民，襁负其子而至矣②，焉用稼③？"

——《论语·子路》

【注释】①圃（pǔ）：种菜，也可指种菜的人。②襁负其子：用布把婴儿包起来背在身后。襁（qiǎng），婴儿的被子或布幅。③焉用稼：何必要学习种田呢？

【译文】樊迟请教怎样耕种庄稼。孔子回答说："我不如老农。"樊迟又请教怎样种植蔬菜。孔子回答说："我不如菜农。"樊迟回去后，孔子说："樊迟真是个见识浅陋的人，君主喜欢礼乐制度，则百姓没有谁敢不诚敬的；君主喜欢道义，则百姓没有谁敢不服从的；君主讲求诚信，则百姓没有谁敢不重情谊的。如果能做到这些，则天下的百姓，会带着婴儿一起来投奔，何必学习种田呢？"

【解析】虽然孔子的回答并无贬低老农的意思，但在数千年间它影响到了知识分子的职业取向。传统知识分子普遍存在重人文、轻科技的倾向，普遍存在重当官、轻工商的倾向，与孔子这句随口说出来的话不无关系。自从工业革命之后，科学技术已日益成为推动社会向前发展的主要力量，成为社会的第一生产力，成为改变人类命运的关键因素，应该有更多的知识分子潜心研究工农业技术的改进，潜心研究尖端科技的发展，而不能单单选择当公务员这一条路了。

3. 宰我问①："三年之丧，期已久矣。君子三年不为礼，礼必坏；三年不为乐，乐必崩。旧谷既没，新谷既升，钻燧改火②，期可已矣③。"子曰："食夫稻，衣夫锦，于汝安乎？"曰："安。""汝安则为之。夫君子之居丧，食旨不甘，闻乐不乐，居处不安，故不为也。今汝安，则为之。"宰我出，子曰："予之不仁也。子生三年，然后免于父母之怀。夫三年之丧，天下之通丧也。予也有三年之爱于其父母乎？"

——《论语·阳货》

【注释】①宰我：孔子弟子，名宰予，字子我，鲁国人。②钻燧改火：古时钻木取火，因季节不同而用不同的木材，一年之中，钻火各异，故曰改火。③期可已矣：一年就可以了。期，一周年。

【译文】宰予问道："守丧三年，是不是久了一点。君子三年不参加礼节仪式，礼节一定会荒废；三年不演奏音乐，音乐一定会遗失。旧谷吃完了，新谷又收获了，取火的燧木也更换了一次，守丧一年就可以了。"孔子问他："守丧期间，就吃稻米，穿绸缎衣服，你安心吗？"宰予说："安心。"孔子说："你安心就那样去做吧！君子守丧，山珍海味吃着也没有味道，音乐听着也不觉得快乐，寝食不安，所以不那样做。如果你安心，你就那样去做吧！"宰予出去后，孔子说："宰予真是不仁啊！孩子生下来三年以后，才离开父母的怀抱。三年丧期，这是天下通行的丧礼。宰予对他的父母也有三年的敬爱之情吗？"

【解析】守丧三年，是当时一种约定俗成的礼节。这在生活节奏较为缓慢的春秋时期，或许无可厚非，但礼节总具有强烈的时代性，一个时代流行的礼节，到另一个时代可能就已不合时宜。今天的生活节奏可谓日新月异，再像两千年前那样为父母守丧三年，会让一大部分年轻人失去理想的职业，失去发展的机会，显然已经很不现实了。守丧只是一种形式，真正的思念或许不在形式，而在内心。

4. 子曰："唯女子与小人为难养也。近之则不逊，远之则怨。"

——《论语·阳货》

【译文】孔子说："只有女子和没有受过教育的人最难待候。亲近他们就一点也不谦逊，疏远他们又心怀怨恨。"

【解析】孔子说这句话，显然是有感而发的，是对身边某几个特定对象的一种率性的评价，不具有普遍的针对性。在儒家经典中，除了这句话有冒犯女性的嫌疑外，其他地方则多是对女性的赞美和褒扬。现代一部分女性因为这句话，往往容易以偏概全，对儒家采取一概否定的立场，实是有失偏颇。因为这句话在整个儒家思想体系中，几乎可以忽略不计。但无论如何，这句话在历史上让女性处于一种不利的地位，对此我们应该有着清醒的认识，尤其不能再借用这句话来贬低现代女性的地位和作用。

（二）孟子

1. 孟子曰："为政不难，不得罪于巨室①。巨室之所慕，一国慕之；一国之所慕，天下慕之。故沛然德教溢乎四海②。"

——《孟子·离娄上》

【注释】①巨室：名望高势力大的世家大族。②沛然：形容很充盛。

【译文】孟子说："治理国家并不是件难事，不得罪有威望的世家大族。世家大族所崇尚的，全国都会崇尚；全国所崇尚的，天下都会崇尚。所以道德教化会充盈于四海之内。"

【解析】在日渐民主化的现代社会，这种观点显得十分落后了。在文化没有普及的先秦时代，或许只有贵族世家子弟具备接受长期教育的条件。"巨室"是当时文化与道德教育的典范，也可以说是当时先进文化的代表阶层。"不得罪于巨室"在某种程度上是顺应了历史发展的潮流。但在教育日益普及文化日益开明的现代社会，"巨室"不仅不再是先进文化的代表，甚至可能演变成为某种利益集团。施政的目的乃在于发展经济并让多数人享受到经济发展的成果，如果再以"不得罪于巨室"为前提，则是逆潮流而动了。

2. 孟子曰："不孝有三，无后为大。舜不告而娶①，为无后也。君子以为犹告也。"

——《孟子·离娄上》

【注释】①不告而娶：没有禀告父母，就娶了妻子。

【译文】孟子说："不孝有三种情况，没有后代是最大的不孝。舜帝没有禀告父母，就娶了妻子，是因为没有后代。君子认为跟禀告了是一样的。"

【解析】无后，是指没有儿子，这在农耕时代，没有男劳动力，就意味着无法从事繁重的农业生产，意味着生活的艰辛和老无所依。随着科技的发展和文明的进步，今天显然已不存在这样的问题。一则社会保障政策日趋完善，养老已不完全由子女来承担；二则女性同样受到了良好的教育，在就业上与男性已没有差别，所以再不能以有无男性后代来作为是否孝顺的标准了。

（三）董仲舒

天亦有喜怒之气，哀乐之心，与人相副，以类合之，天人一也。春，喜气也，故生；秋，怒气也，故杀；夏，乐气也，故养；冬，哀气也，故藏。四者，天人同有之，有其理而一用之，与天同者大治，与天异者大乱，故为人主之道，莫明于在身之与天同者而用之，使喜怒必当义而出，如寒暑之必当其时乃发也，使德之厚于刑也①，如阳之多于阴也。

——《春秋繁露》

【注释】①使德之厚于刑也：让德政多于刑罚。厚，多。

【译文】天也有喜悦、恼怒的感情，悲哀、快乐的情绪，与人相符，以类别来分析，天人是一样的。春，是天的喜悦之气，所以万物生长；秋，是天的恼怒之气，所以万物萧条；夏，是天的欢乐之气，所以万物繁盛；冬，是天的悲哀之气，所以万物收敛。春、夏、秋、冬四个季节，是天和人都有的，其运行的规律也是一致的。顺天而行者则天下大治，逆天而行者则天下大乱，所以作为君主的治国之道，最好的方式是推行与天意相符合的政策，让自己的喜怒符合道义的要求，就像寒冷炎热一定是在适当的季节才出现一样；让德政多于刑罚，就像天地的阳气多于阴气一样。

【解析】天行有常，不为尧存，不为桀亡。董仲舒提出天人感应，是掺杂了道家、阴阳家的一些思想，非儒家所固有。在儒家看来，人是天地的中心，一切政策和知识都应该以人为本。天有天的运行规律，人类有人类的运行法则，两者虽有相交，但实难言相互感应。很多时候，地球上的生物极难摆脱"天"的约束，无法掌握自身的命运。恐龙的毁灭，则是"天"运行的结果。人类之所以发展到今天，固然是得益于"天"的运行，但更多的是人类自身努力的结果。按照"天"的运行，地球终究有一天将不再适宜于人类的居住，或者终究有一天是要毁灭的，如果认为人类必须遵循"天"的运行规律，则人类也将像恐龙一样，无法摆脱灭亡的命运。但是人类发展到今天，完全可以通过科技的进步，改造自然的运行轨迹，亦即改变"天"的运行，延长地球生存的期限，或是寻找到另一个适合人类居住的星球，将人类文明在宇宙中无限地延续下去。

（四）班固

　　班固：字孟坚，陕西咸阳人，东汉史学家、文学家，撰有《汉书》《两都赋》《白虎通义》等著作。汉和帝永元元年，随大将军窦宪率军北伐匈奴，大败北单于后，撰下《封燕然山铭》。后窦宪因擅权被杀，班固受株连，死于狱中，时年六十一岁。

　　三纲者何谓也？谓君臣、父子、夫妇也。六纪者，谓诸父、兄弟、族人、诸舅、师长、朋友也。故君为臣纲，父为子纲，夫为妻纲。又曰：敬诸父兄，六纪道行，诸舅有义，族人有序，昆弟有亲，师长有尊，朋友有旧。何谓纲纪？纲者，张也①；纪者，理也②。大者为纲，小者为纪，所以张理上下，整齐人道也。人皆怀五常之性③，有亲爱之心，是以纲纪为化，若罗网之有纪纲而万目张也④。

——《白虎通义》

【注释】①纲者，张也：所谓纲，就是对事物的主干进行张设布置。②纪者，理也：所谓纪，就是对事物的枝节进行整理安排。③五常：人应该具备的五种基本品格：仁、义、礼、智、信。④罗网：捕捉鸟兽的大网。

【译文】三纲的内涵到底是什么呢？是指君臣、父子、夫妇之间的关系。六纪，则是指长辈、兄弟、族人、母舅、师长、朋友之间的关系。所以君为臣纲，父为子纲，夫为妻纲。同时，长辈受到尊敬，六纪得到奉行，母舅讲求情义，族人长幼有序，兄弟相亲相爱，师长得到尊崇，朋友不忘旧情。纲纪的意思是什么呢？所谓纲，就是对事物的主干进行张设布置；所谓纪，就是对事物的枝节进行整理安排。主干为纲，枝节为纪，纲纪是为了布置安排，规范人伦道德。人人都具有五种基本的品格，都有亲亲爱人之心，所以纲纪得到实施，就像抓住一张大网的纲绳可以最大限度地将网撒开。

【解析】三纲五常是最为现代人诟病的一种学说。这种学说虽然挂在儒家的名下，但在儒家经典中是找不到出处的，它是由东汉历史学家班固在其所著《白虎通义》一书中提出来的。

儒家原是一种以民为本的学说。在儒家经典中，对"君"的权力和责任有着明确的界定，"君"必须对百姓负责，崇尚仁义，推行仁政，关心弱者，克己复礼，不得恣意妄为，滥施淫威，尤其不得滥杀无辜。在儒家经典理论中，"君"与"臣"也是一种对等的关系，"君使臣以礼，臣事君以忠"，"君若视臣如土芥，则臣视君如寇仇"。"君"若不能处理好与百姓的关系，随时有被推翻的可能。百姓也有反对暴政、推翻暴君的权力。但自班固之后，俗儒们为迎合帝王的喜好，淡化了儒家的民本意识，提出"君为臣纲"的思想，逐渐将儒家转化成一种君本说，实非孔孟儒家的本来面目。

（五）朱熹

1. 问："昨谓未有天地之先，毕竟是先有理，如何？"曰："未有天地之先，毕竟也只是理。有此理，便有此天地；若无此理，便亦无天地，无人无物，都无该载了①！有理，便有气流行，发育万物。"

或问："必有是理，然后有是气，如何？"曰："此本无先后之可言。然必欲推其所从来，则须说先有是理。然理又非别为一物，即存乎是气之中；无是气，则是理亦无挂搭处②。气则为金木水火，理则为仁义礼智。"

——《朱子语类》卷一

【注释】①该载：备载，容纳。②挂搭：贴近物体垂挂，意指着落、依据。

【译文】有弟子问道："昨天说在没有天地之前，毕竟是先有一个理在，怎么样？"朱熹回答道："在没有天地之前，毕竟也只有理。有这个理，便有这个天地；若没有这个理，便没有这个天地。无人无物，都没地方可以容纳！有理，便有气的流动运行，生育万物。"

有弟子问道："一定是有这个理，然后才有这个气，怎么样？"朱熹回答道："这个本无先后可言。但是一定要推究它是从哪里来的，则必须说先有这个理。但是理又不是另外有一个东西，即是存在于气的中间；没有这个气，则这个理也没有着落的地方。气则表现为金、木、水、火几种形态，理则表现为仁义礼智几种形态。"

【解析】对自然界的探索和了解，是中国知识分子的一个短板。孔子对此多不轻易下结论，而宋代自周敦颐、二程、张载、朱熹开始，均好作阐释，但这些阐释，主观臆测的成分多，客观探索的成分少，尤其与现代科学相去甚远。宋代盛行一时的理气说，在今天看来，已显得荒谬不经。此亦是孔子的明智处，知之为知之，不知为不知，对不了解的东西，与其妄下结论，不如静默无语。正如清儒戴震所言："六经、孔、孟之书不闻理气之辨，而后儒创言之。"

宋明理学的基础是理气说，这个基础不稳固，其所得出的许多结论，便有许多悖谬之处，其对孔孟之说的许多曲解，也显得不近人情，难以为现代人所信服。如果现代人要重新恢复对儒家思想的推崇和重视，则必须对宋明理学保持高度的警惕。

2. 朱子曰：人之一心，天理存则人欲亡；人欲胜，则天理灭；未有天理人欲夹杂者。学者须要于此体认省察之。

——《朱子语类》卷十三

【译文】朱子说：人的内心，被天理占据了，则人欲自会消亡；被人欲占据了，则天理自会泯灭；天理与人欲从来不会混杂在一起。读书人对于这一点必须仔细思考体会。

【解析】宋明理学所主张的"存天理，灭人欲"，显然是将儒家思想引到了一种极端地步。

人的欲望，促进了人的奋斗，也促进了社会的进步。但人不正当的欲望，常表现为一种恶，诸如偷盗、谋杀、贪污、战争等，阻碍了社会的发展步伐。对于欲望，最好的办法是顺从而有所克制，使之符合法律与道德的规范，在满足自身欲望时不侵害到别人的利益和情感。而理学家们却连人最基本的欲望也一并否定了，甚至提出"饿死事小，失节事大"，显然是走入了另一个极端，既不为孔子所认可（孔子说食色性也），也难为常人所接受。在理学盛行的年代，其对于人性的禁锢已经危害到了人的生存。尤其是许许多多普通女性，在失去伴侣或受到性的侵害时，因为受理学的影响而不惜自残身体，自寻短见，难怪鲁迅要大声呐喊礼教"吃人"了。

（六）王阳明

问："看书不能明如何？"先生曰："此只是在文义上穿求①，故不明如此。又不如为旧时学问，他到看得多解得去。只是他为学虽极解得明晓，亦终身无得。须于心体上用功，凡明不得，行不去②，须反在自心上体当即可通③。盖《四书》《五经》不过说这心体，这心体即所谓道。心体明即是道明，更无二，此是为学头脑处④。"

"虚灵不昧，众理具而万事出。心外无理，心外无事。"

——《传习录》

【注释】①穿求：寻求。②行不去：行不通。③体当：体会。④头脑处：首要处。

【译文】弟子问道："读书读不明白的地方该怎么办？"先生回答道："这只是从字面上去寻求意义，所以看不明白。还不如像前人那样做学问，他读得多自然就明白了。只是他读书读得极为明白，却终身没有收获。必须在心体上用功，凡是不明白的、行不通的地方，必须在自己内心进行反省体会才能通晓明白。《四书》《五经》，不过是说这心体，这心体就是所谓的道。心体明白，即是道明白，再没有别的方法，这是学习中最关键的地方。"

人的内心没有疑惑，所有道理都充分具备，一切事物都从这里生出。心外无理，心外无事。

【解析】"心外无理，心外无事"，颇近禅语，已非儒学。

陆王心学，掺杂了许多佛家的东西，只注重个人心性的修炼，实非儒家正统。就儒的本意，乃是一门探索人类需要的学问。人类固然需要了解自己的内心，但更需要了解所处的外部世界，了解社会，了解自然，了解地球，了解宇宙。格物致知，正心诚意，乃正为寻求心外之理。人类是地球有生命以来，唯一能够通过自身努力来改变命运的生物。这个过程才刚刚开始，需要无数代人不断努力，不断发现，才有达成的希望。心外不仅有理，而且存在着万万千千的道理，需要人类去探索，去深究，去洞悉。所谓"心外无理"，实乃坐井观天。

王阳明用死力格外物，久而不得，乃反求于心，不假于外。王之所以格物不得，是他没有掌握到科学的方法，这也是传统儒家伦理与西方科学精神存在的一个巨大差距。这个差距因为王阳明的心学主张，变得更加明显了。如何培养人的科学精神，也是现代儒学必须关注的一个问题。科学是改造世界、造福人类最重要的一条途径，也是人类避免像恐龙一样走向灭绝、摆脱地球生物不断轮回命运的唯一出路。人类的发展，本就是一个不断向外探求宇宙真理的过程，而心学将人的知识和思考都束缚于一己之身体中，对于科学的发展，对于人类的进步，显然是没有多少助益的。后世不少儒家将明代灭亡的原因，归之于心学的流行，实在不无道理。陆九渊更是教人终日静坐，以存本心，认为宇宙便是吾心，吾心即是宇宙。如此修行，本心是存住了，于社会有何益处？于国家有何益处？于人类的发展有何益处？正如韩愈所言："学者必慎所道。道于杨、墨、老、庄、佛之学而欲之圣人之道，犹航断港绝潢以望至于海也。"宋明之际，学者多以老入儒，以释入儒，离儒家的本意却是越来越远了。